DIREITO AUTORAL:

Dúvidas e Controvérsias

Direito Autoral:

Dúvidas e Controvérsias

Plínio Cabral

editora HARBRA

Direção Geral:	Julio E. Emöd
Supervisão Editorial:	Maria Pia Castiglia
Revisão de Texto:	Jamir Martins
Revisão de Provas:	Carla Castiglia Gonzaga
Editoração Eletrônica:	Darlene Fernandes Escribano
Capa:	Lummi Produção Visual
Fotolitos da Capa:	Process Bureau de Pré-impressão S/C Ltda.
Impressão e Acabamento:	Cromosete Gráfica e Editora Ltda.

DIREITO AUTORAL: Dúvidas e Controvérsias

Rua Joaquim Távora, 629
04015-001 São Paulo – SP
Promoção: (011) 5084-2482 e 571-1122. Fax: (011) 575-6876
Vendas: (011) 549-2244 e 571-0276. Fax: (011) 571-9777

ISBN 85-294-0217-0

Impresso no Brasil *Printed in Brazil*

CONTEÚDO

SOBRE O AUTOR

O AUTOR tem uma longa trajetória de atuação na vida sócio-cultural do Brasil, como jornalista, político, escritor e advogado. Exerceu funções públicas importantes e tem participado ativamente da vida política do país.

É formado em jornalismo e direito. Jornalista, atuou nos mais importantes órgãos da imprensa do sul brasileiro. Advogado, destaca-se como autoralista respeitado internacionalmente, sendo representante do Brasil no Comitê Latino-Americano da IFRRO, organização internacional de gestão de direitos reprográficos e órgão de assessoramento da ONU.

Como jurista, sua obra vem sendo marcada pela filosofia que adotou na prática do direito, segundo a qual a lei deve ser acessível e ao alcance de todos para que sua aplicação seja possível através de conceitos simples e objetivos, o que se retrata na forma com que, em seus livros, aborda difíceis problemas jurídicos. Defende com entusiasmo – e nesse sentido realiza verdadeira pregação nacional – a idéia de que não basta elaborar a lei, mas é necessário cumpri-la, a partir, e principalmente, do próprio governo cujos integrantes não podem se colocar acima das normas legais, mas devem ser os primeiros a cumpri-las.

Sua obra inclui ensaios políticos revolucionários, como "A Falência do Estado Moderno", e romances que obtiveram larga repercussão, como "Ticonderoga" e "Direita, Esquerda Volver."

Na área do Direito seus comentários à nova lei de direito autoral constituíram a primeira análise desse documento legal, o que é complementado pela obra que agora apresentamos e que constitui um apanhado objetivo das controvérsias e dúvidas surgidas em torno das leis 9.609 e 9.610.

A obra de Plínio Cabral inscreve-se, pela sua objetividade e clareza, como contribuição importante à vida intelectual, política e jurídica do nosso país.

É um defensor intransigente e entusiasta da identidade cultural do Brasil.

Para
SANSÃO CHAZAN,
mestre e amigo

O exemplo mais funesto que pode haver,
a meu juízo,
é o de criar uma lei e não cumpri-la,
sobretudo quando sua não observância se deve
àqueles que a promulgaram.

Maquiavel

I

A lei nova e as obrigações anteriores

Os contratos firmados na lei anterior e com vigência na lei nova

A retroatividade em face do direito adquirido

Direito adquirido e expectativa de direito

A ordem pública e as limitações contratuais

A lei 9.610, que regula os direitos autorais no Brasil, é um diploma que apresenta avanços importantes e alguns problemas, dúvidas e controvérsias, o que é compreensível. O mesmo acontece com a lei 9.609, que dispõe sobre programas de computador. Não existe lei perfeita, seja pela própria natureza humana, seja pelo fato de que a sociedade evolui e se transforma constantemente. Novos fatos surgem dia a dia e nem sempre eles podem se enquadrar nos limites do mandamento legal, o que vai exigir do juiz um espírito criador e a observância da realidade social em que vivemos.

Elaborada a lei, um dos aspectos mais importantes é sua observância e aplicação.

Onde a sociedade civil é organizada, o respeito à norma legal faz parte do cotidiano. O cidadão conhece seus direitos e seus deveres. Exige uns e cumpre outros. O Estado, por sua vez, não se coloca acima da lei. Ele é o primeiro a cumpri-la e fazê-la cumprir. Não é imune aos mandamentos que dele próprio emanam.

Mas, quando a sociedade civil é frágil, não organizada e dependente, a lei corre o perigo de ter um destino triste: sua não aplicabilidade. A idéia de que uma lei pode "pegar" ou "não pegar" – o que é comum entre nós – revela a desorganização social e a falência do Estado. É uma espécie de retorno à barbárie, onde cada um exerce suas próprias razões.

Aristóteles em sua obra *Organon* já dizia que "a lei se torna um simples contrato" ou, como Lícofron, o Sofista, colocou, "uma garantia mútua de direitos".

Mas essa garantia mútua de direitos depende da observância e aplicação da lei. É um pacto que dá solidez e razão de ser à sociedade, com deveres e direitos para todos.

No Brasil, as elites se preocupam exclusivamente com seus privilégios, fazendo do Estado um instrumento de negócios e lucros. As leis são editadas na presunção de que elas, por si só, resolvem todos os problemas, como algo mágico, uma espécie de mística sacerdotal com o poder de invocar a proteção e o julgamento de deuses misteriosos. Os governantes eximem-se de qualquer responsabilidade, passando ao povo uma estranha titularidade de obrigações num deserto de direitos.

Raymundo Faoro denunciou esse problema, tão grave e tão nocivo à sociedade brasileira, ao dizer:

> "Edifica-se nas nuvens, sem contar com a reação dos fatos, para que da lei ou do plano saia o homem tal como no laboratório de Fausto, o qual, apesar de seu artificialismo, atende à modernização e ao desenvolvimento do país. A vida social será antecipada pelas reformas legislativas, esteticamente sedutoras, assim como a atividade econômica será criada a partir do esquema, do papel para a realidade. Caminho este antagônico ao pragmatismo político, ao florescimento espontâneo da árvore. Política silogística chamou-a Joaquim Nabuco. É uma pura arte de construir no vácuo. As bases são as teses e não os fatos; o material, idéias, e não homens; a situação, o mundo e não o país; os habitantes, as gerações futuras e não as atuais". (*Os Donos do Poder*, p. 744)

Criam-se dois mundos e a lei deixa de ser "uma garantia mútua de direitos" para transformar-se apenas em manifestação vazia de uma elite que não pensa em observar as próprias normas que edita. Disso resultam, muitas vezes, boas leis para uma sociedade que não vai aplicá-las, a começar pelo mau exemplo impune dos senhores do poder. Isto golpeia o princípio da cidadania, em face da inutilidade das leis, pois sua observância e aplicação depende da existência de cidadãos cônscios de sua condição como tais.

Para Aristóteles, cidadãos são "aqueles que têm acesso aos tribunais de justiça, que podem processar e ser processados".

Embora o próprio Aristóteles considerasse a afirmação "demasiado ampla" e aplicável a qualquer pessoa, ela tem inegável atualidade, pois implica o exercício da cidadania, o direito de postular em juízo, invocando a proteção do Estado para aplicação da lei.

A lei tem função objetiva e subjetiva. Modestino afirmou com muita precisão:

> *"Legis virtus hec est: imperare, vetare, permittere, punire"*. Traduzindo: a função da lei é ordenar, proibir, permitir, punir. (Modestino, *Digesto*, livro I, título 3)

Nota-se, nesse enunciado, brilhante pela síntese, que a lei, ao proibir ou permitir, deixa ao cidadão o caminho da escolha – segundo sua vontade, seu arbítrio – nos limites do interesse e da convivência social. É, sem dúvida, aspecto subjetivo, pois qualquer passo dependerá da análise de cada um. Mas quando a lei ordena ou pune, as alternativas do cidadão estreitam-se ou mesmo deixam de existir. Objetivamente, ele deve obedecer àquilo que a norma ordena ou, então, será punido. E o será, desde que o Estado e seu aparato governamental funcionem com isenção, e não sejam apenas instrumentos desmoralizados dos interesses de uma parcela privilegiada da sociedade. Com isso entra-se no reino da aplicação objetiva do mandamento legal, ou da ordem, que o Estado tem a obrigação de aplicar e manter, se for de sua competência ou, então, quando para tanto for invocado pelos cidadãos.

Para cumprir essa missão, o Estado deve ser a emanação do coletivo, plasmado num contrato social, que o governante deve aplicar conscienciosamente. Se o governo não cumpre ou não faz cumprir a lei, ele, inexoravelmente, implanta a desordem e compromete o organismo social.

A desordem social, nesse sentido, não é o tumulto. É algo mais amplo: é a dissolução de um organismo construído historicamente, que se plasmou ao longo do tempo e que, pela ausência da lei aplicada, vai desaparecendo pouco a pouco, num processo mais ou menos longo. É uma espécie de deterioração cancerosa, um "salve-se quem puder", no qual cada um faz o que bem entende, gerando conflitos sem os limites impostos pela observância e o cumprimento das leis.

O governo, ao não observar os mandamentos legais, abre caminho para que a sociedade proceda da mesma forma.

Maquiavel, em seus Comentários, (I, 45º), disse:

> "Não observar uma lei é dar mau exemplo, sobretudo se quem a desrespeita é o seu autor; é muito perigoso para os governantes repetir a cada dia novas ofensas à ordem pública. Com efeito, o exemplo mais funesto que pode haver, a meu juízo, é o de criar uma lei e não cumpri-la, so-

bretudo quando sua não observância se deve àqueles que a promulgaram". (Maquiavel, *A Lógica da Força*, Maria Lúcia de Arruda Aranha, p. 132)

No Brasil os governos editam leis para a comunidade. Leis e mais leis se sucedem continuamente, numa quantidade quase alucinante. Por incrível que pareça, são editadas em média 5 Medidas Provisórias por dia! O Brasil está sendo governado por decretos. Mas, como se fossem um ente separado do próprio organismo social, os governantes são os primeiros a não cumpri-las. Não exercem sua parte na observância das normas legais. Rompem dessa forma o contrato social e golpeiam aquilo que constitui a base da sociedade, que é a garantia mútua de direitos pela observância e aplicação das leis.

A promulgação de uma nova lei entre nós coloca, em primeiro lugar, o problema de seu cumprimento e aplicação.

No caso dos direitos autorais, o Brasil tem uma notável tradição que remonta à instalação dos cursos jurídicos, em 1827, chegando, através de códigos e leis especiais, até o presente momento.

A lei 5.988, de 1973, deu finalmente um formato moderno e adequado ao problema da legislação autoral, tendo por base a Convenção de Berna e, portanto, seguindo normas aceitas e consagradas pela comunidade internacional.

Finalmente, a 19 de fevereiro de 1998, foi promulgada a lei 9.610 consolidando a legislação de direitos autorais em nosso país.

Essa lei constitui um avanço notável, especialmente em relação às novas tecnologias que estão revolucionando as formas de comunicação e a difusão das obras de criação em seus diferentes ramos.

O mundo vive o impacto de uma revolução tecnológica sem precedentes, caracterizada pela velocidade nas transformações que a ciência coloca diariamente para a humanidade.

A obra de arte geradora de direitos de autor concretiza-se na fixação em suporte determinado, mas só adquire vida e se transforma em rendimentos negociáveis com sua transmissão ao público. Essa transmissão, hoje, é que se tornou revolucionária e instantânea, atingindo bilhões de pessoas em diminuta fração de tempo. Isso transforma conceitos e determina novas concepções legais protetivas dos direitos do autor.

Embora as leis, a partir da Convenção de Berna, consagrem o primado do direito de que quem cria uma obra dela possa fruir e gozar, a verdade é que o ordenamento legal, em todo o mundo, necessita aprimoramento e adequação às novas situações geradas pelo desenvolvimento tecnológico.

Esse foi o objetivo, parcialmente alcançado, da nova lei de direitos autorais no Brasil, considerando elementos tecnológicos novos, como os caminhos do espaço cibernético e a internet.

Com o advento dessa lei, o que se reclama é a sua observância e aplicação.

Não são poucas as distorções e lesões dos direitos de autor no Brasil, em que pese a existência de normas claras, precisas e modernas. Acontece, entretanto, que nossa sociedade, a partir dos próprios governantes, não prima pela observância e aplicação das leis.

Começa pelo fato de que o autor é a parte mais fraca em uma relação contratual e, não tendo força para impor sua vontade, torna-se vítima do arbítrio e da prepotência dos mais fortes – geralmente grandes e portentosas empresas de comunicação – tornando-se um grave e doloroso embuste à livre manifestação das vontades no contrato de edição.

Mas, além do problema sócio-cultural da observância e aplicação das leis, há questões técnicas de natureza jurídica que o advento de uma nova lei suscita nas relações entre os interessados.

Se a função da lei é "ordenar, proibir, permitir, punir" – o que ocorre com a lei antiga e as relações de negócios que se efetivaram sob sua égide?

A lei surge para o mundo jurídico e dos negócios num dia determinado. Ela surge **hoje** – e as obrigações contraídas **ontem,** sob o império de uma lei então vigente, como ficam?

Norberto Bobbio abordou com muita precisão esse problema, ao tratar do que chamou de "coerência do ordenamento jurídico":

> "O princípio, sustentado pelo positivismo jurídico, da coerência do ordenamento jurídico, consiste em negar que nele possa haver *antinomias,* isto é, normas incompatíveis entre si. Tal princípio é garantido por uma norma, implícita em todo o ordenamento, segundo a qual duas normas incompatíveis (ou antinômicas) não podem ser ambas válidas, mas somente uma delas pode (mas não necessariamente deve) fazer parte do referido ordenamento; ou, dito de outra forma, a compatibilidade de uma norma

> com seu ordenamento (isto é, com todas as outras normas) é condição necessária para sua validade". (*O Positivismo Jurídico*, p. 203)

A permanência de duas normas no mesmo tempo e espaço tornaria o ordenamento jurídico confuso e mesmo inútil. O direito é, em si, claro, lógico e acessível.

A lei nova revoga a anterior, pois a incompatibilidade objetiva entre os dois estatutos tornaria sua aplicação impraticável. Isso é um ato que se transforma em fato irreversível. A lei revogada deixa de existir. Ela morre para o mundo das relações jurídicas. Portanto, não pode ser invocada, a não ser nos casos previstos, expressamente, por ela própria. Mesmo que a lei nova, por sua vez, seja revogada e desapareça, a anterior não renasce, não volta do reino dos mortos.

Diz a Lei de Introdução ao Código Civil, parágrafo 3º do artigo 2º: "salvo disposição em contrário, a lei revogada não se restaura por ter a lei revogadora perdido a vigência".

Portanto, a lei revogada deixa de existir, mesmo que a lei que a revogou desapareça. Nem por isso seus efeitos cessam no que diz respeito aos atos que foram praticados sob sua égide, gerando obrigações e direitos de toda natureza.

A lei, segundo os mais eminentes juristas, é um elenco de medidas tendo em vista acontecimentos futuros.

Mas o problema é que o acontecimento futuro não existe como fato concreto. Ele é apenas uma antevisão, uma suposição, uma hipótese. É fato não concretizado, portanto insuscetível de aplicação das normas legais. A lei não se aplica para o amanhã, a não ser como um compromisso assumido previamente. Nesse caso ela é observada e serve como condição de pactos e comportamentos. Na sua invocação punitiva, ela é pretérita. Refere-se *ao que aconteceu.*

No que tange ao presente, também a aplicação da norma legal é relativa, pela simples razão de que o presente, no sentido absoluto, não existe. O presente é tão fugaz, mas tão fugaz, que se torna passado no mesmo instante. O fato produzido aqui, neste minuto, neste segundo, já é passado na fração de tempo seguinte.

A lei, pois, prevê uma hipótese futura, condicionando nosso atos, mas aplica-se ao fato pretérito. O cidadão vai aos tribunais invocando seus direitos sobre algo que *aconteceu* e não sobre algo que *vai acontecer*, a não ser em casos excepcionais para prevenir ameaça ou perigo de dano iminente.

Se a lei, como regra geral, se aplica ao passado imediatíssimo, certamente será aplicada, com a mesma razão, ao passado recente ou remoto, deixando de lado norma antiga e revogada. Caso contrário, seríamos obrigados a viver num emaranhado de disposições legais aplicáveis aos fatos e acontecimentos que, a seu tempo, não foram apreciados judicial ou mesmo extrajudicialmente. Teríamos, então, para cada tempo sua lei, sempre vigente, criando compartimentos temporais estanques, dignos do melhor filme de ficção científica.

Se isso na prática é impossível, também, pela mesma lógica, não se pode invalidar as obrigações contraídas sob a égide da legislação antiga, vigente na época dos atos e fatos jurídicos. O tumulto seria idêntico. O que é feito e acabado, dentro da lei, deve ser mantido em nome da própria estabilidade social, com as exceções que a vida impõe e a lei nova consagra. Mas o que não foi feito nem acabado entra no império da lei nova. A lei nova abrange tudo, no tempo e no espaço que lhe é próprio, dentro dos limites determinados pelas próprias normas legais.

A Constituição, nesse sentido, é bastante clara quando edita no item XXXVI do artigo 5º o seguinte:

> "a lei não prejudicará o direito adquirido, o ato jurídico perfeito e a coisa julgada".

Essa disposição, na verdade, repete, no que tange aos limites da lei nova, o artigo 6º da lei de Introdução ao Código Civil:

> "A lei em vigor terá efeito imediato e geral, respeitados o ato jurídico perfeito, o direito adquirido e a coisa julgada".

Nesses casos a lei velha sobrevive. Sobrevive em relação àquele fato pronto e acabado. Nem poderia ser diferente, pois se não fora assim, teríamos o caos nas relações sócio-jurídicas e o tumulto na vida patrimonial. O legislador, ao longo do tempo, da Roma antiga até nossos dias, sempre considerou dois aspectos em relação à lei nova: ela rege todos os fatos e situações a que se refere, mas respeita aquilo que já foi concluído de forma irrefutável.

Dentro de determinados limites, a lei nova "invade" os domínios da lei antiga. Nesse sentido é oportuno o pensamento do jurista José Eduardo Martins Cardozo, quando diz:

> "Claro, assim, ao contrário do que parecem mesmo pensar alguns, a retroatividade de uma lei não implica que se pretenda comandar (dirigir comandos) ao passado, visto que tal seria impossível. Sua invasão ao período anterior à sua vigência implica unicamente que juridicamente o passado será valorado diferentemente, para fins de que no presente sejam dadas de certa forma as condutas humanas que se pretende prescrever. Valorará um passado (positivo ou negativo), anteriormente considerado como juridicamente irrelevante, como relevante, (ou vice-versa); afirmará que os efeitos de um fato jurídico passado, definidos de acordo com a lei de seu tempo, passam a ser valorativamente outros, desde o início de sua projeção. Tudo para disciplinar – insista-se – condutas no presente".

O pressuposto, pois, é o de que a lei, sendo nova, é avançada e moderna, adequada à situação atual. Poderá, então, melhor que a antiga, apresentar um juízo de valor mais correto mesmo aos eventos do passado. Não dirige comandos, nem poderia fazê-lo, especialmente no sentido de estabelecer parâmetros e comportamentos. Mas dá a eles uma visão nova e, conseqüentemente, mais avançada, aplicando conceitos modernos a fatos antigos, permitindo melhor avaliação ao julgador.

Mesmo assim, há um limite, uma barreira que a lei nova não pode ultrapassar: é o direito adquirido, o ato jurídico perfeito e a coisa julgada.

O direito adquirido é aquele que surge sob a vigência de uma lei. Evidentemente, não há direito adquirido contra a lei.

Limongi França, em sua lúcida obra, *A Retroatividade das Leis e o Direito Adquirido*, cita vários mestres que trataram do direito adquirido em face de lei nova. Gaba, por exemplo, diz:

> "É adquirido todo o direito que a) é conseqüência de um fato idôneo para produzi-lo, em virtude da lei do tempo

> no qual o fato foi consumado, embora a ocasião de fazê-lo valer não se tenha apresentado antes da atuação de uma lei nova sobre o mesmo; e que b) nos termos da lei sob cujo império se entabulou o fato do qual se origina, entrou imediatamente a fazer parte do patrimônio de quem o adquiriu". (p. 51)

O aspecto patrimonial é, no caso, da mais alta relevância, pois ele, quando em jogo, altera as relações entre pessoas e coisas, tendo reflexos em todo o organismo social, não atingindo apenas aqueles diretamente envolvidos.

Mas o direito adquirido como limite à aplicação da lei nova não é absoluto. Limongi França acentua, ainda referindo-se a Gaba:

> "Contra a imediata aplicação das respectivas leis não se pode invocar a idéia do Direito Adquirido, senão circunscrito aos positivos efeitos, por eles contemplados, mas não para excluir efeitos novos que a lei antiga não contemplava, ou mesmo excluía, se nesta última hipótese nada foi feito para assegurar os benefícios de tal exclusão". (*Op. cit.*, p. 53)

Limongi França, a seguir, apresenta o que chama de sua fórmula para definir o direito adquirido:

> "É a conseqüência de uma lei, por via direta ou por intermédio de fato idôneo; conseqüência que, tendo passado a integrar o patrimônio material ou moral do sujeito, não se fez valer antes da vigência de lei nova sobre o mesmo objeto". (*Op. cit.*, p. 216)

A definição é lapidar e, por isso mesmo, dispensa comentários.

O direito adquirido é, portanto, uma situação concreta que não se altera em face de novas disposições, a não ser em casos excepcionais. A lei nova contempla a situação pretérita através de um ângulo diferente e, assim, estabelece novas condições para os negócios jurídicos não iniciados ou não concluídos.

É o caso, por exemplo, dos direitos autorais na obra de criação produzida em razão de dever funcional ou trabalho assalariado.

A lei 5.988, em seu artigo 36, editava o seguinte:

> "Se a obra intelectual for produzida em cumprimento a dever funcional ou a contrato de trabalho ou de prestação de serviços, os direitos do autor, salvo convenção em contrário, pertencerão a ambas as partes, conforme for estabelecido pelo Conselho Nacional de Direito Autoral".

Em termos práticos, o funcionário de uma editora, contratado como ilustrador, dividia seus direitos de autor com a empresa. Poderia, ainda, convencionar qualquer forma de relação empregatícia tendo como objetivo seus direitos de autor sobre a obra produzida. O salário seria, e geralmente era, a retribuição aos direitos de autor.

A situação agora mudou radicalmente.

A lei 9.610, em vigência, excluiu a relação empregatícia para produção de obras intelectuais e atingiu, portanto, as avenças firmadas na constância do trabalho assalariado.

Aquele ilustrador, empregado de uma editora, agora retoma os direitos sobre sua produção, de forma total e completa, independentemente do contrato de trabalho que tenha ajustado na vigência da lei 5.988/73.

São os efeitos criados pela lei nova. Gerou-se uma situação diferenciada, através da qual, sob o império de norma nova, surgem direitos que antes não existiam.

Esse é um problema comum em vários casos. Um contrato de trabalho é ato jurídico perfeito e devidamente protegido nos termos da CLT. O empregador paga uma importância determinada a título de salário mínimo, o que entra no cômputo geral dos gastos de sua empresa. O governo, sob qualquer pretexto ou pressão, altera o salário mínimo. É uma situação nova que gera outra relação contratual, independente da avença anteriormente firmada, podendo inclusive acarretar problemas de solvência para o empregador. Nem por isso o novo salário mínimo deixará de ser aplicado.

O direito adquirido, portanto, não é absoluto. Se ele, de um lado, limita a aplicação da lei nova, de outro lado tem, por sua vez, limites no fatos contemplados e, também, naquilo que é estabelecido pelo interesse público que o Estado tutela.

Não se pode, de outra parte, confundir direito adquirido com expectativa de direito.

O direito adquirido é o fato ou ato jurídico que produz efeitos sobre o patrimônio material e moral.

A expectativa de direito é aquilo que não se concluiu, mas é de conclusão possível.

Não há, sobre a mera expectativa, algo oponível. É uma presunção amparada em fatos reais que não se concluíram e que podem, inclusive, não se concluir.

A esse respeito Limongi França diz, com muita propriedade:

> "Expectativa é a faculdade jurídica abstrata ou em vias de concretizar-se, cuja perfeição está na dependência de um requisito legal ou de um fato aquisitivo específico". (*Op. cit.*, p. 226)

Enquanto o direito adquirido gira em torno de fatos concretos, de algo que entra no patrimônio material e moral do interessado, a expectativa depende de condições determinadas para que se torne um fato aquisitivo.

Mas, além do direito adquirido, a lei nova deve respeitar a coisa julgada que o parágrafo 3º do artigo 6º da Lei de Introdução ao Código Civil define com precisão nos seguintes termos:

> "Chama-se coisa julgada ou caso julgado a decisão judicial de que já não caiba recurso".

A lei, obviamente, não pode alterar as sentenças já prolatadas e sobre as quais não caiba recurso. Se elas não fossem terminativas, o ordenamento jurídico tornar-se-ia frágil e até inútil, já que suas sentenças ficariam ao sabor da emissão de novas leis.

Limongi França, a esse respeito, diz:

> "Os requisitos da coisa julgada, conforme a reiterada lição dos mestres são três: *a identidade da coisa (res), da causa do pedido (causa petendi)* e *da condição das pessoas (condictio personarum)*. Conforme a Doutrina da Representação, que remontaria a Savigny, é possível também que, em certas circunstâncias, estabelecida a coisa julgada, não mais é possível reaviventar o feito, desde que se trate do mesmo objeto, do mesmo fundamento e desde que a condição das pessoas seja a mesma". (*Op. cit.*, p. 222)

E, mais adiante, acrescenta o ilustre jurista:

> "Mas não ficamos aí. Há um outro aspecto a ser considerado, a saber: *a intangibilidade dos efeitos da coisa julgada*. Ao nosso ver, aqui não se trata apenas do Direito Adquirido, em sentido estrito, de simples *resultante* de um fato passado, cujo exercício ainda não foi levado a efeito pelo titular. Tratar-se-ia, isto sim, de verdadeiro fato consumado, *em virtude da impossibilidade* (cujas razões são do mais alto imperativo de ordem pública) *de se mudar por lei posterior aquilo que a coisa julgada já estabeleceu*". (*Op. cit.*, p. 223.)

A coisa julgada é inatingível, inclusive porque seus efeitos, eventualmente, atingem terceiros e, em certos casos, comunidades inteiras. Haja vista as questões ambientais, cujos parâmetros uma lei pode mudar em face de novas situações ou mesmo de problemas relacionados com determinadas áreas vinculadas a interesses coletivos mais amplos, o que não atingirá aquilo estabelecido por sentença irrecorrível.

A lei nova não atinge, tampouco, o ato jurídico perfeito, que o parágrafo 1º da Lei de Introdução ao Código Civil assim define:

> "Reputa-se ato jurídico perfeito o já consumado segundo a lei vigente ao tempo em que se efetuou".

Para muitos autores o conceito é falho e desnecessário. O direito adquirido abrangeria não apenas os atos, mas também os fatos jurídicos. A acessão, por exemplo, é uma forma aquisitiva que a lei consagra, conforme se vê no artigo 530, item II, do Código Civil. É um fato jurídico que constitui, sem dúvida, um direito adquirido na constância da lei.

O grande mestre Clóvis Bevilacqua considera o ato jurídico perfeito como gerador do direito adquirido, portanto anterior a este. Segundo ele,

> "o direito quer que o ato jurídico perfeito seja respeitado pelo legislador e pelo intérprete na aplicação da lei, pre-

> cisamente porque o ato jurídico é gerador, modificador ou extintivo de direitos". (*Código Civil Comentado*, p. 101)

Clóvis, com sua invejável habilidade, resolve o problema criando uma anterioridade nos dois conceitos. Assim, o ato jurídico perfeito tem como resultado a aquisição de um direito. Este é conseqüência daquele.

O direito adquirido, entretanto, é mais amplo, porque inclui os fatos e não apenas os atos jurídicos, do que resulta a desnecessidade do conceito, pelo menos no aspecto do patrimônio e das obrigações.

Seria mais apropriado dizer apenas que o ato jurídico perfeito é aquele que reúne agente capaz, objeto lícito e não defeso em lei, o que abrangeria, com mais precisão, os contratos firmados sob lei anterior e cuja validade continua ao império da lei nova. É um ato jurídico cuja vida transcorre, obviamente, sob duas leis. Inicia-se numa, conclui-se noutra.

O que acontece com tais contratos?

Haroldo Valadão, referido por Limongi França (*op. cit.*, p. 240) diz o seguinte:

> "Os fatos iniciados, porém ainda não completados, regem-se segundo a lei nova, *reconhecidos os respectivos elementos autônomos,* que se realizaram validamente de acordo com a lei anterior".

Nesse caso, o contrato é aplicável naquilo que a lei nova respeita ou não altera. São válidos, ainda, os atos já praticados e as decisões já tomadas, seja qual for o seu grau ou circunstância, judicial ou mesmo extrajudicialmente.

Na vigência da lei 5.988 empregado e empregador poderiam, no contrato de trabalho assalariado, fixar a transferência de direitos autorais. Na lei atual, esse instituto desapareceu. É necessário, agora, nova avença, seja qual for, a esse respeito, o teor do contrato firmado à época da lei velha.

Criou-se uma situação determinada, criaram-se novos direitos dos quais o cidadão não pode ser despojado em nome de uma norma antiga e agora já inexistente.

Outro fato interessante diz respeito a cessão ou transferência de direitos autorais sobre obras futuras. Segundo o item V do artigo 49 da lei atual "a cessão só se operará para modalidades de utilização já existentes à data do contrato".

A lei anterior era omissa a esse respeito. Poderia o autor ceder obras futuras "para qualquer meio de divulgação existente ou que vier a existir", cláusula muito comum – e geralmente com esse texto – em todos os contratos de cessão.

A lei 9.610 veda essa prática. Mesmo firmada antes de sua vigência, essa cláusula não produzirá, agora, qualquer efeito. A cessão de obra futura só produzirá efeitos para ser utilizada em meios de difusão existentes no momento do ato de cedência.

A lei nova, não só revoga a anterior, como invade atos firmados para estabelecer nova valoração nas relações contratuais.

Além dos conceitos de direito adquirido, coisa julgada e ato jurídico perfeito, é necessário considerar o interesse público que o Estado tutela ou deve tutelar.

Carlos Maximiliano, a esse respeito, cita um brocardo de Papiano:

> *Jus publicum privatorum pactis mutari non potest* (*Digesto*, liv. 2, tit.14, frag. 38)

"não pode o Direito Público ser substituído pelas convenções dos particulares".

O insigne mestre considera esse conceito de forma abrangente. E diz, à guisa de explicação, o seguinte:

> "Entenderam o preceito: consideraram abrangidas por ele as normas de Direito Público, e também as de Direito Privado, quando de *ordem pública*". (*Op. cit.*, p. 219)

A lei, ao instituir normas de interesse público, torna-se obrigatória e inderrogável, atingindo aquilo que foi estabelecido durante a vigência da lei antiga.

É compreensível. O interesse público pretende-se geral, acima do particular. É uma disposição para e em defesa da sociedade, cujo equilíbrio é a razão de ser do direito, da lei e da sociedade.

O Estado hoje, e cada vez mais, tutela a parte frágil na relação contratual. O direito não pode servir ao mais forte. As leis de ordem pública não dizem respeito apenas àquelas questões tradicionalmente atinentes ao Estado. O nosso Código Civil, em seu artigo 1.125, estabelece, por exemplo, que é "nulo o contrato de compra e venda quando deixa ao arbítrio exclusivo de uma das partes a taxação do preço". Limita-se a liberdade para impedir o abuso de quem pode sobre quem não pode.

Leis do inquilinato, Código de Defesa do Consumidor, relações de trabalho, salário mínimo, direito autoral, proteção à infância, ao meio ambiente, enfim, em um número imenso de relações contratuais, o Estado intervém com o objetivo de impor normas protetoras.

Essa intervenção muitas vezes é exagerada, estabelecendo-se um paternalismo sufocante. Com razão diz Darcy Bessone:

> "As intervenções legislativas se multiplicam. Tudo vai sendo regulamentado com minúcia. Os preços das utilidades são tabelados, o inquilino é protegido contra o proprietário, os agricultores são beneficiados com as moratórias e o reajustamento econômico, a usura é coibida, a compra de bens a prestações é regulada de modo a resguardar os interesses do adquirente. Eis aí uma longa série de medidas contrárias à autonomia da vontade e aos princípios clássicos *pacta sunt servanda* ou *o contrato é lei entre as partes*". (*Do Contrato*, p. 45)

Hoje há uma tendência para "liberalizar" a sociedade e excluir a participação do Estado, que seria reduzido a ente pequeno, minúsculo e praticamente inexpressivo no controle das relações e atos que a sociedade pratica constantemente. É o chamado "neoliberalismo", nome cunhado para acobertar o retorno a práticas verdadeiramente canibalescas de um liberalismo sem controle e matusalênico.

Se de um lado a intervenção exagerada é um malefício, de outro lado a ausência do Estado como fiscal das relações contratuais leva, fatal e inexoravelmente, ao predomínio abusivo do mais forte, gerando conseqüências funestas em que o mais fraco resta inerte, à mercê do mais forte.

Do ponto de vista social presume-se – é o pensamento dos tratadistas – que a lei nova seja mais avançada e, portanto, mais apta como instrumento para balizar e julgar os interesses em jogo. Além disso, pode-se dizer que toda lei tem um sentido de *ordem pública*, pois sua finalidade é, em última análise, garantir ou, conforme o caso, restabelecer o equilíbrio social. Sua aplicação teria como objetivo corrigir distorções eventualmente válidas numa época, mas sem sentido social face ao progresso e conceitos novos e avançados. A desordem e o desequilíbrio do organismo social repugnam ao direito.

Por isso mesmo, "a lei nova em vigor terá efeito imediato e geral", o que significa sua aplicação instantânea em toda a linha do tempo, respeitados o direito adquirido, a coisa julgada, o ato jurídico perfeito e o interesse público.

Nesse caso, os fatos pendentes, mesmo os ainda em julgamento, estão sob o império da lei nova, salvo aqueles que já tenham sido apreciados e foram objeto de eventuais decisões, seja qual for seu caráter. Limongi França leciona com precisão:

> "O alcance, portanto, da regra do efeito imediato entre nós, é o de que a nova lei, em princípio, atinge as partes posteriores dos *facta pendentia* com a condição de não ferir o ato jurídico perfeito, o direito adquirido e a coisa julgada". (*Op. cit.*, p. 210)

De tudo isso se conclui que a aplicação da lei nova é imediata e geral. Abrange o passado e projeta-se para o futuro, inclui os fatos consumados e os fatos pendentes. Os contratos, compromissos e obrigações firmados e contraídos sob a égide da lei antiga, mesmo que sua vigência e execução, em face de prazos e tempo, venha a se consumar sob a lei nova, são válidos desde que não atinjam direitos que a nova lei estabeleça.

Os limites são claros e precisos: o direito adquirido, a coisa julgada, o ato jurídico perfeito e o interesse social expresso em lei.

II

A lei e suas limitações

As transformações sociais e o ordenamento jurídico

A interpretação das leis e a interpretação da realidade

A jurisprudência e o papel criativo do juiz

Posta uma lei no mundo jurídico, ela deve ser observada e aplicada. A observância é um ato objetivo, seja qual for sua origem: consciência, civismo, temor, pressão social, religiosidade.

A aplicação da norma é um ato coercitivo, que se exerce direta ou indiretamente. A comunidade pode execrar e mesmo criar um procedimento de exclusão para os que violam suas leis. É comum em certas sociedades e grupos religiosos, onde o violador da norma, expulso da comunidade, não sobrevive.

O Estado, por sua vez, exerce com plenitude esse poder de império, seja por si próprio, o que se plasma principalmente naquelas leis cogentes, seja sob invocação dos interessados, que recorrem a órgãos especializados para que o violador de determinados interesses seja compelido à observância do preceito legal.

A lei é constituída de um texto fixo, que não se altera. Ela é, na sua essência, permanente, enquanto a realidade sofre modificações numa velocidade que varia no tempo e no espaço, mas que é inexorável.

Verifica-se, dessa forma, uma contradição que afeta o próprio ordenamento jurídico. De um lado ele é – e deve ser – conservador no sentido da inalteralidade dos preceitos que observa e deve aplicar. É algo que não se pode modificar ao sabor dos fatos, eventos e interesses eventualmente em jogo. Se assim não fosse, o próprio organismo social se desintegraria.

Ora, a função de um sistema legal é manter, e restabelecer quando for o caso, o equilíbrio social. A lei se aplica exatamente para que o equilíbrio, eventualmente rompido, se restabeleça. É algo que interessa diretamente à comunidade, que não pode viver ao sabor de normas não estabelecidas e previamente codificadas.

Pontes de Miranda, a esse respeito, afirmou: "a finalidade da regra jurídica é manter a situação social existente".

Portanto, a lei, bem como o sistema que dela deriva e que a circunda, deve ser – e é – um fator estável e permanente, portanto conservador.

Mas na realidade, os sistemas produtivos e as relações daí decorrentes são mutáveis, às vezes até voláteis, o que afeta as formas de viver, as ideologias e o pensamento social.

Nisso reside a contradição que permeia o sistema jurídico, gerando um caminho difícil que é preciso percorrer com equilíbrio e sabedoria. É necessário conciliar a estabilidade necessária com o movimento social inevitável. Esse movimento gera, em torno dos mesmos objetos, novos tipos de relações, de fatos e atos jurídicos.

Não por acaso Carlos Maximiliano disse, com muita precisão:

> "O Direito progride sem se alterarem os textos; desenvolve-se por meio da interpretação e do preenchimento das lacunas autorizado pelo artigo 3º da Introdução do Código Civil". (*Hermenêutica e Aplicação do Direito*, p. 154)

Por mais precária e estreita que seja a visão do legislador, a lei não deve objetivar um fato concreto e imediato, embora isso aconteça freqüentemente. Nem sempre o legislador reúne qualidades de estadista com uma larga visão e abrangência do futuro. Mesmo que uma lei determinada tenha como objetivo também um fato determinado, local e restrito, ela acaba abrangendo algo mais, ampliando seu raio de ação, porque os interesses em jogo nunca se circunscrevem a um fato e a uma pessoa. Seria um absurdo. A legislação tem em vista um conjunto de fatores determinados pelas relações sociais num dado momento.

A lei, obviamente, envelhece na medida em que as circunstâncias sociais que lhe deram origem percam sentido e, inclusive, pereçam ao impacto de novas concepções. Mesmo não derrogada, sua aplicabilidade pode caducar pela caducidade dos próprios elementos que lhe deram origem. Mas enquanto isso não acontece, ela gera seus efeitos, inclusive sobre questões que fogem ao seu objetivo original e imediato.

Ronaldo Poletti afirma, a esse respeito:

> "Quando se legisla, o objeto não consiste apenas na disciplina da conjuntura contemporânea à edição da norma,

> mas em instrumentalizar o aplicador da lei para a realização do direito. Nesse sentido, uma visão mais sociológica do direito parece atender às exigências da justiça. Não se há de alterar a lei, para amoldá-la às novas circunstâncias, mas interpretá-la de maneira a colimar tal objetivo. Do contrário, seria impossível ter uma lei de quase uma centena de anos, como é o caso do Código Civil brasileiro, ou uma Constituição bicentenária, como a dos Estados Unidos da América, e aplicá-las ambas nos dias contemporâneos, sem que isso cause espécie e sem necessidade de indagar sobre o que o legislador intentou quando a formulou". (*Introdução ao Direito*, p. 281)

O legislador vive e atua sob condições historicamente condicionadas que geram interesses, choques e pressões. Na medida em que a visão é abrangente, a lei, a partir de situações que se repetem numa constância determinada, terá maior ou menor permanência.

Não se trata evidentemente de uma generalidade absurda que nada diga e nada determine, deixando ao alvedrio de cada um, por sua interpretação elástica, a própria elaboração de suas normas, o que seria absurdo e a negação da própria lei como princípio.

A lei tem objetivos, direcionamento, forma e conteúdo. Ela possui um núcleo. Esse núcleo expressa a norma aplicável a fatos, conflitos e realidades, numa hipótese do que pode acontecer, aplicável ao que já aconteceu. Sua forma deve, evidentemente, servir como expressão do conteúdo, dando-lhe a vida necessária ao cumprimento dos objetivos propostos.

A forma pode, inclusive, explicar sua origem e razões, mas o conteúdo deverá, necessariamente, ter tal abrangência que possa servir aos objetivos da coletividade que vai observá-la e aplicá-la. O objetivo da lei não é um fato determinado, embora, pela sua forma, isso possa parecer. O objetivo é a sociedade e seu relacionamento interno e externo, em que centenas e centenas de fatos e atos se sucedem. São os negócios, as obrigações e os direitos que animam a coletividade gerando contratos e compromissos, além do comportamento natural que delimita a atuação de cada um.

Isto não significa que a lei se constitua em peça mágica, prevendo tudo e traçando normas para todos os conflitos de interesses. Seria impossível.

> "Se a lei não prevê a hipótese fática – diz Poletti –, isso não significa que o direito não tenha condições de resolver o problema." (*Op. cit.*, p. 283)

E vai resolvê-lo, obviamente, pela ação criativa do juiz. Segundo o pensamento de Celso (*Digesto*, liv. 1, tit. 3, frag. 17), "saber as leis é conhecer-lhe, não as palavras, mas a força e o poder", ou seja, conforme Carlos Maximiliano, "o sentido e o alcance respectivos" da norma legal.

A lei, escrita ou não, é um texto. Sempre foi. Os mandamentos de Moisés, o código de Hamurábi, as XII Tábuas – são textos onde o legislador, seja qual for sua origem e poder, estabeleceu as normas para observância e cumprimento. A sociedade, assim, passa a ter parâmetros e limites.

Por que um texto se perpetua ou morre? O que explica sua vitalidade ou fragilidade?

Carlos Maximiliano dá uma resposta:

> "A vitalidade espantosa do Direito romano, e, até mesmo, da Lei das XII Tábuas antes de advir o *Corpus Juris*, deve atribuir-se à *interpretatio*, que desenvolvia e ampliava o Direito escrito, embora deixando intacta a letra respectiva".

A vitalidade da lei reside em sua utilidade prática, em sua funcionalidade social, de um lado, e de outro, na interpretação que lhe é feita para que sua aplicação possa cobrir a mais ampla gama de fenômenos sociais, dentro do setor ou ramo a que ela se refere.

A atividade do pretor romano era justamente a de aplicar a lei à realidade. E isso deu origem a uma codificação que garantiu a aplicação da lei num território imenso e altamente diversificado.

Ocorre – como demonstra a história e é fácil imaginar – que as modificações na vida do Império Romano eram constantes. Na medida em que suas fronteiras se ampliavam, novos costumes, religiões, comportamentos, interesses, sistemas políticos, tradições e as próprias leis dos povos conquistados, entravam para a vida romana. A harmonização de tudo isso deve ter sido tarefa gigantesca. As vitórias militares teriam sido efêmeras se o êxito das legiões não tivesse, a seguir, o suporte de um pensamento jurídico e legal aplicado com sabedoria a todos os povos.

Ora, o império não podia abdicar de suas normas, sob pena de abdicar de sua própria condição. Mas, de outra parte, ignorar as novas realidades poria em risco as conquistas territoriais. A busca de um ponto de convergência tornava-se necessária, o que deu origem, sem dúvida alguma, ao monumento que é o direito romano, o qual inspira o mundo ocidental há dois mil anos.

Isso não aconteceu por acaso, mas graças ao trabalho paciente dos pretores, que foram compondo, ao longo do tempo, todo um corpo legal sem alterar a Lei das XII Tábuas.

> "O pretor, como magistrado, tinha um amplo poder de mando, denominado *imperium*. Utilizou-se dele, especialmente, a partir da lei *Aebulia*, no século II a.C, que, modificando o processo, lhe deu ainda maiores poderes discricionários. Por essas modificações processuais, o pretor, ao fixar os limites da contenda, podia dar instruções ao juiz particular sobre como ele deveria apreciar as questões de direito. Fazia isto por escrito, pela *formula*, na qual podia incluir novidades, até então desconhecidas no direito antigo. Não só. Com esses poderes discricionários, podia deixar de admitir ações perante ele propostas *(denegatio actionis)* ou, também, admitir ações até então desconhecidas no direito antigo. Essas reformas completavam, supriam e corrigiam as regras antigas". (Thomas Marky, in *Curso Elementar de Direito Romano*, p. 7)

O importante é que, mesmo perante leis extremamente rígidas, os magistrados romanos, no processo da interpretação, iam criando

> "um corpo estratificado de regras, aceitas e copiadas pelos pretores, que se sucediam e que, finalmente, por volta de 130 d.C., foram codificadas pelo jurista Sálvio Juliano, por ordem do Imperador Adriano". (Thomaz Marky, *op. cit.*, p. 7)

Portanto, é na interpretação do magistrado que, historicamente, a lei se aplica à realidade, sem se afastar do texto. Resiste às modificações, sem impedir ou frear o desenvolvimento das relações sociais.

A esse respeito, é interessante o testemunho de Cícero, relatado na obra *História do Direito Romano*, de Mario Bretone, p. 130:

> "Relativamente ao regime das propriedades, foi sancionado interpretativamente o princípio de que, ao vendê-las, o vendedor declare os problemas que se lhe conhecem. Para as XII Tábuas, respondia-se apenas por aquilo que se indicara explicitamente, e o vendedor que tivesse falado falsamente, sofria a pena do dobro; foi estabelecida também pelos juris-consultos a pena pela reticência. Desse modo, qualquer que seja o problema de uma propriedade, afirmaram eles, o vendedor deve responder por isso, se dele tinha conhecimento e evitara denunciá-lo".

O que se verifica, nesse caso, é que a lei das XII Tábuas previa o problema da evicção, mas o texto referia-se apenas àquilo que o vendedor declarava, deixando de contemplar outros problemas que a propriedade eventualmente apresentasse. A modificação, feita por via interpretativa, é profunda e de longo alcance.

É fácil imaginar que, num quadro de centenas de transações, os problemas avultassem. Os lesados ficavam à mercê de declarações incompletas, feitas pelos vendedores, ao amparo da própria lei.

Os jurisconsultos romanos resolveram o problema, sem alterar nem se afastar das XII Tábuas, mas vendo no texto rígido o objetivo claro de prevenir o comprador contra "qualquer que seja o problema de uma propriedade". A lei, no caso, pode-se dizer, era clara, mas incompleta no seu alcance, prevendo uma situação fática, mas sem a amplitude que os novos negócios reclamavam.

Para que a lei tenha permanência, ela deve ser interpretada numa verdadeira simbiose com a realidade, de tal forma que possa abranger diferentes situações numa aplicação eqüitativa e justa, a partir do que estava previsto, mas enfocando, agora, novas hipóteses.

Nesses casos o papel do juiz avulta e se agiganta. É o que prevê, de forma mandatória, a nossa lei processual. O julgador é obrigado a suprir a lei, clarificando-a no caso de obscuridade e, na falta desta, recorrendo aos meios disponíveis para que a justiça seja feita, segundo preceitua o artigo 126 do Código de Processo Civil:

> "O juiz não se exime de sentenciar ou despachar alegando lacuna ou obscuridade da lei. No julgamento da lide caber-lhe-á aplicar as normas legais; não as havendo, recorrer a analogia, aos costumes e aos princípios gerais de direito".

Obviamente, o juiz não faz lei. Não é essa sua função. Mas isso deve ser encarado dentro de circunstâncias objetivas. Ao julgar, cumprindo preceito que a tanto o obriga, o juiz se torna fonte de lei na aplicação interpretativa que vai formando jurisprudência, através da sucessão de decisões.

Sem dúvida alguma, é na jurisprudência que se concretiza o espírito criador do juiz. Carlos Maximiliano cita Nast (Marcel Nast, professor da Universidade de Estrasburgo):

> "A jurisprudência tem, na atualidade, três funções muito nítidas, que se desenvolveram lentamente: uma função, um tanto automática, de *aplicar a lei;* uma função de *adaptação,* consistente em pôr a lei em harmonia com as idéias contemporâneas e as necessidades modernas; uma função *criadora,* destinada a preencher as lacunas da lei".

O mesmo Carlos Maximiliano, com seu espírito preciso e didático, define jurisprudência com estas palavras:

> "Chama-se *jurisprudência,* em geral, ao conjunto das soluções dadas pelos tribunais às questões de Direito; relativamente a um caso particular, denomina-se *jurisprudência* a decisão constante e uniforme dos tribunais sobre determinado ponto de Direito". (*Op. cit.*, p. 176)

A interpretação torna a lei viva e dinâmica. Possibilita sua aplicação em circunstâncias diversas, satisfazendo as partes interessadas nos pleitos restauradores do direito eventualmente lesado. O texto deixa de ser letra fria, distante e alheia à realidade.

> "A interpretação das leis não deve ser formal, mas sim, antes de tudo, real, humana, socialmente útil", *no dizer conciso e claro do Ministro Silvio de Figueiredo.* (*RSTJ* 26/378, p. 384)

O aspecto humano da lei é que a torna parte da vida social. Essa humanização surge no momento preciso em que o juiz a interpreta para sua real aplicação. É o momento sacro em que se faz justiça, quando a realidade justifica a aplicação da norma para solução do conflito e o restabelecimento do equilíbrio social.

A lei de Introdução ao Código Civil, em seu artigo 5º, edita:

> "Na aplicação da lei, o juiz atenderá aos fins a que ela se destina e às exigências do bem comum".

O bem comum é a finalidade maior da lei, pois mesmo quando ela é aplicada a um caso individual, esse caso, embora isolado, é parte de um todo maior, que é a comunidade dos cidadãos. Essa comunidade tem interesse em que se faça justiça.

A esse respeito, é claro o artigo 85 do Código Civil:

> "Nas declarações de vontade se atenderá mais a sua intenção que ao sentido literal da linguagem".

Clóvis Bevilacqua considera que esse artigo é mais do que uma regra de interpretação. Para ele, "é um elemento complementar do ato jurídico. Afirma que a parte essencial ou nuclear do ato jurídico é a sua vontade. É a ela, quando manifestada de acordo com a lei, que o direito dá eficácia".

Ora, se na aplicação da lei o juiz "atenderá aos fins sociais e às exigências do bem comum" e "nas declarações de vontade se atenderá mais a sua intenção que ao sentido literal da linguagem", fica evidente a interpretação da norma em função da sua finalidade, a fim de que a justiça se realize para a eficácia do direito.

Não faltam métodos de interpretação, e os estudiosos se esmeram em apresentá-los: o literal, o gramatical, o lógico, o histórico, o sistemático.

O método utilizado para a interpretação da lei é apenas uma fórmula, um instrumento para buscar a melhor maneira de aplicação da norma. Importante, entretanto, é que essa interpretação se faça em função da própria realidade e de forma eficiente, a fim de que a aplicação da lei atenda a sua finalidade.

No caso, não é apenas a interpretação da lei em si, do documento, o que, efetivamente, requer a utilização dos métodos mais adequados aos propósitos objetivados.

Ao lado da lei, o que se deve interpretar também, é a própria realidade. Estudar a realidade, conhecê-la e, enfim, analisá-la em seus fatos e conseqüências é o que vai permitir aplicar a lei de maneira criativa.

A interpretação, dessa forma, apresenta duas faces: a da lei e a da realidade, numa interação reciprocamente completa.

Diz Edivaldo Holanda Borges:

> "Ao jurista cumpre não apenas a função interpretativa da norma elaborada, mas sua atividade comporta a análise da realidade social, em sua estática e dinâmica, em sua anatomia e fisiologia, para revelar os fenômenos jurídicos". (*Teoria Científica do Direito*, p. 253)

É possível, no exame interpretativo de uma lei, chegar-se a conclusões interessantes e profundas. Mas se isso não estiver vinculado também à interpretação da realidade, o problema permanecerá no mesmo lugar, no reino da teoria, apenas com desdobramentos do texto, sem conseqüências práticas.

Na história da humanidade, o direito teve grandes momentos que se transformaram em marcos da própria civilização e do avanço humano para o progresso. Tais momentos vinculam-se às próprias transformações da humanidade, determinando os novos corpos de leis que, na sua aplicação criativa, impulsionam seu desenvolvimento. O direito torna-se, dessa forma, fruto e elemento da própria civilização, impulsionando a sociedade.

E é justamente nos momentos de grandes transformações que avulta e se agiganta o papel do juiz, do julgador. Primeiro, na manutenção e aplicação da lei; segundo, na sua interpretação criativa. São dois pólos que trabalham e atuam contra o obscurantismo e a estagnação social.

Esses dois pólos é que permitem o que poderíamos chamar de *estabilidade legal revolucionária*. O texto é mantido em função da boa ordem, mas é aplicado criativamente, pela mesma razão, a fatos novos que surgem no dia-a-dia da vida. Se não fora assim, os fatos sufocariam o direito.

É o caso da nova lei de direitos autorais. Ela surge num momento em que o direito autoral enfrenta uma realidade que se transforma constantemente, com rapidez alucinante, em face de uma revolução tecnológica sem precedentes.

O espaço cibernético é um caminho sem limites para a difusão das obras de arte, as quais podem se multiplicar sem qualquer limite. O criador corre o risco de perder o controle de sua criatura.

Nem por isso o direito autoral desaparece ou sofre limitações que impeçam o criador de usufruir os benefícios de seu trabalho.

Diante dessas transformações da realidade, a aplicação da lei exige um exercício criativo que desafia os magistrados, exigindo deles o papel do velho pretor romano: interpretar a lei para garantir sua aplicação justa a situações que se transformam constantemente.

> "A lei, diz Darcy Bessone, não contém todo o direito. O legislador, formulando textos rígidos e universais, estabelece normas esquemáticas, sem a previsão exata dos atos e fatos particulares que, no futuro, estarão sob o seu domínio. Por isso mesmo, as disposições normativas nem sempre se mostram adequadas, especialmente em relação aos casos anormais". (*Do Contrato – Teoria Geral*, p. 293)

Para que se faça justiça, a lei deve ser interpretada em função das novas realidades.

III

A lei 9.610 e sua aplicação

Uma nova realidade no mundo da criação artística

Dúvidas e controvérsias

A nova lei de direitos autorais, promulgada em fevereiro de 1998, abrange todas as relações que envolvam negócios entre autores e aqueles que comercializam, por qualquer meio ou forma, obras de engenho e arte.

Nenhuma lei é perfeita e, mesmo que o fosse, não dispensaria a sua interpretação para relacioná-la com os fatos, com uma realidade social em constante mutação.

Já Ulpiano afirmava, categoricamente:

> "Embora claríssimo o édito do Pretor, não cabe descuidar de sua interpretação". (*Digesto*, livro 25)

Uma das características do desenvolvimento é a mudança constante nas relações de produção, o que se reflete nas normas que regem qualquer agrupamento social. O avanço tecnológico cria novas realidades, abrindo campos diferenciados para negócios que reclamam a presença de normas reguladoras.

Na medida em que essas mudanças se tornam mais rápidas, é óbvio que a aplicação das leis, para ser correta e eficaz, exige um exame acurado das novas realidades. Trata-se, portanto, de interpretar as leis tendo em vista as correlações com as exigências dos novos tempos.

Vivemos numa fase em que tudo parece transitório, gerando, inclusive, inseguranças e incertezas, especialmente no tocante a direitos, obrigações e negócios contraídos numa realidade em constante mutação.

Uma nova lei, por isso mesmo, gera dúvidas e controvérsias. Ela não pode abranger o mundo inteiro das relações objetivas que se torna cada vez mais vasto e abrangente, o que exige do julgador a observação criativa do texto, em conjunção com fatos e atos até então desconhecidos.

É o caso do direito autoral. Ele é extremamente complexo, pois trata de um produto peculiar e único no mundo: a idéia criativa que se transforma em arte, gerando uma propriedade diferenciada. Nela convivem o aspecto material e o imaterial.

O que torna o problema autoral único é que a arte é, por sua vez, única e peculiar, sendo, inclusive, difícil defini-la. Um relatório, evidentemente, utiliza as mesmas palavras do vernáculo. Mas não é uma obra de arte. Não transmite emoções, não retrata uma realidade vista sob um prisma diferenciado, o que vai acontecer, por exemplo, com um romance, uma pintura, uma composição musical.

O autor é proprietário daquilo que ele produz, independente de sua qualidade, mas desde que seja uma "obra do espírito", definição um tanto vaga, mas que, à falta de outra melhor, ajusta-se a seus propósitos.

Segundo Delia Lipszyc, "o objeto da proteção do direito de autor é a obra", ou seja, "a expressão pessoal da inteligência que desenvolve um pensamento que se manifesta sob uma forma perceptível, tem originalidade ou individualidade suficiente e é apta para ser difundida e reproduzida".

Essa "expressão pessoal da inteligência" é a visão do artista cuja obra é criada para falar à sensibilidade.

Natureza do Direito Autoral

No momento em que esse direito foi conceituado como propriedade, surgiu o problema de examinar sua natureza e seu caráter, a fim de colocá-lo nos limites do ordenamento jurídico.

A lei brasileira de direitos autorais, em seu artigo 3º estabelece:

> "Os direitos autorais reputam-se, para os efeitos legais, bens móveis".

Trata-se, obviamente, de uma ficção jurídica, cujo objetivo é estabelecer as bases para que o patrimônio gerado pela obra de criação possa entrar no mundo dos negócios jurídicos, tornando factíveis os contratos que o direito permite.

Essa natureza do direito autoral sempre foi objeto de controvérsias e discussões, seja por suas características, seja pelo fato de que se trata de um conceito recente. Tanto gregos como romanos valorizavam a obra de arte e tinham consciência plena da atividade criadora, inclusive do plágio, que era condenado. Mas o direito autoral como bem negociável não era considerado.

Delia Lipszyc cita Pouillet para dizer que "o direito dos autores existiu sempre; entretanto, nas suas origens, não entrou na legislação positiva. Esse direito existia *in abstrato.*"

E assim foi até que os negócios envolvendo as obras de criação adquiriram um volume substancioso, reclamando proteção e um enquadramento legal objetivo no campo da propriedade. Mas que tipo de propriedade?

No Brasil, a legislação resolveu o problema declarando o direito autoral um bem móvel. A solução, simples em seu enunciado, tornou-se bastante complexa na prática, pois gera implicações em outras esferas.

Os diferentes ramos do direito se interligam, sendo que fatos e atos geradores de obrigações migram de um para outro setor. Deve-se considerar, nesse caso, que o Estado, em suas diferentes esferas, é partícipe e, não raro, sócio maior de qualquer operação envolvendo rendimentos.

É comum, por exemplo, em determinadas prefeituras municipais, a pretensão de cobrar impostos sobre serviços na remuneração de direitos autorais, o que, pela natureza desse direito, é um absurdo. O caráter de bem móvel não equipara o direito de autor às rendas de outros bens, pois ele tem característica especial. A obra de criação não é resultado de uma locação de serviços. Outras são as relações comerciais que a envolvem.

A esse propósito diz Carlos Alberto Bittar:

> "O Direito de Autor, em conseqüência, é um direito especial, sujeito a disciplinação própria, apartada das codificações, frente a princípios e a regras consagradas, universalmente, em sua esquematização estrutural. Com efeito, análise de sua conformação intrínseca demonstra, desde logo, a individualidade lógica e formal do Direito de Autor, na medida em que se reveste de características próprias, identificáveis na doutrina, na jurisprudência e na legislação, nacional e internacional". (*Direito de Autor*, p. 11)

Não é outro o entendimento de Isabel Espín Alba:

"(...) podemos acrescentar que *não é possível em matéria de propriedade intelectual uma possessão exclusiva do bem imaterial*, já que este pode ser objeto de gozo e desfrute por vários sujeitos contemporaneamente, sem que suas titularidades tenham entre si uma relação hierárquica".

E, mais adiante, a autora acrescenta:

"É indubitável que o direito de autor seria uma espécie de direito absoluto de caráter *sui generis*, distinto dos direitos reais e dos direitos sobre concessões administrativas". (*Contrato de Edición Literária*, pp. 19 e 25)

Portanto o direito autoral é considerado um bem móvel, forma elaborada para que se integre na categoria de bens juridicamente protegidos. O Código Civil, no artigo 47, define o que são bens móveis:

"São móveis os bens suscetíveis de movimento próprio, ou de remoção por força alheia".

Nos termos do Código Civil, os direitos autorais são considerados bens móveis exclusivamente para fins legais, como estabelece o item III do artigo 48, o que, depois, veio a ser consagrado em toda a legislação específica. É uma forma de incluí-los no mundo dos negócios jurídicos. Mas isso não faz com que o direito autoral perca sua característica própria, especial e exclusiva. Ele toma configurações de bem móvel porque isso é necessário para transações, fatos e atos que envolvem a propriedade.

O projeto do novo Código Civil trata o assunto de forma diferente, mais em consonância com nosso tempo, como se vê a seguir:

"***Art. 82*** – São móveis os bens suscetíveis de movimento próprio, ou de remoção por força alheia, sem alteração da substância ou da destinação econômico-social.

Art. 83 – Consideram-se móveis para os efeitos legais:

I – As energias que tenham valor econômico.

II – Os direitos reais sobre objetos móveis e as ações correspondentes.

III – Os direitos pessoais de caráter patrimonial e respectivas ações".

O item I desse artigo é interessante, pois trata de um bem que não se pode precisar em virtude de seu caráter indefinível. Esse caráter, por sua vez, pode incluir idéias que venham a se manifestar concretamente, como as criações do espírito, constituindo um direito pessoal de caráter patrimonial.

José Carlos Tinoco Soares, em sua interessante obra *Processo Civil nos Crimes Contra a Propriedade Industrial* (p. 244), cita Orlando Gomes:

> "Entre os direitos patrimoniais devem incluir-se, em categoria aparte, pela originalidade do seu teor, os Direitos Intelectuais, mais conhecidos como Direitos Autorais. Sob essa denominação, agrupam-se os direitos às produções do espírito. Não podem ser classificados entre os DIREITOS PESSOAIS, nem entre os DIREITOS REAIS. Algumas legislações os disciplinam no livro do Direito das Coisas sob o título de Propriedade Literária, Científica e Artística. Mas a idéia de que possuem tal natureza é fruto de assimilação forçada, não aceita pela doutrina moderna. Por suas peculiaridades, os direitos autorais constituem *tertium genus*".

Estamos, pois, diante de um produto diferente, inclusive nas suas relações com o consumidor.

A aquisição da obra de arte gera um direito de consumo peculiar, relativo e limitado. A compra de um livro não confere ao adquirente um direito absoluto sobre ele, já que não pode alterar seu texto, nem transformá-lo, nem reproduzi-lo. Dispõe unicamente do *corpus mechanicum*, mas não de seu conteúdo. Frui dos benefícios da obra, mas não é proprietário das idéias e sensações nela contidas.

O direito autoral não se confunde com a propriedade do suporte que a materializa.

Diz o prof. José de Oliveira Ascensão:

> "Alienado um quadro, a propriedade é mesmo do comprador, não obstante o direito de autor continuar a pertencer ao pintor". (*Direito Autoral*, p. 33)

Carlos Alberto Bittar expressa opinião semelhante, quando diz:

> "O princípio basilar, em tema de comunicação de criações intelectuais, é o de que o adquirente de original de obra ou exemplar de seu instrumento ou veículo material de utilização (suportes) não lhe confere direito algum de ordem patrimonial, a nível autoral. Com efeito, o adquirente integra a seu patrimônio, com a aquisição, apenas o corpo físico ou mecânico (o livro, a tela, a fita, o disco) e não a sua forma estética (corpo místico, ou a criação em si), de sorte que apenas lhe compete a respectiva fruição em seu âmbito privado, para os fins próprios (aquisição de conhecimentos, entretenimento, lazer, deleite)". (*Direitos de Autor*, p. 51)

Num mesmo objeto de arte convivem duas propriedades: uma pode ser objeto de compra e venda. A outra, entretanto, que é a obra criativa e sua manifestação intrínseca, continua na posse do autor. O autor, sendo titular do que se convencionou chamar de "direitos morais", não pode abdicar da paternidade de sua obra. Ela pode ter qualquer destino, mas jamais será desvinculada de quem a criou.

Bittar, por isso mesmo, afirma:

> "O Direito de Autor, em conseqüência, é direito especial, sujeito a disciplinação própria, apartada das codificações, frente a princípios e a regras consagradas, universalmente, em sua esquematização estrutural". (*Op. cit.*, p. 11)

Considerado bem móvel para efeitos legais, o direito autoral não perde sua condição nem se transforma em objetos que, na definição legal, "são suscetíveis de movimento próprio ou de remoção por força alheia". Ele é, por natureza, mais do que isso.

A esse propósito diz Antônio Chaves:

> "No que porém mais se distancia o direito autoral da propriedade material é na separação perfeitamente nítida que se estabelece no período anterior e posterior à publicação da obra, sendo absoluto, no primeiro, e constituindo-se, no segundo, de faculdades relativas, limitadas e determinadas: patrimoniais exclusivas de publicação, reprodução, etc., que recaem sobre algumas formas de aproveitamento econômico da obra, e de natureza pessoal, referentes à defesa da paternidade e da integridade intelectual da obra.

Direito especial, como se revela, exige, por isso mesmo, uma regulamentação específica, incompatível com o caráter demasiadamente amplo e genérico dos direitos da personalidade, assim como com os estreitos limites da propriedade material ou patrimonial". (*Criador na Obra Intelectual*, p. 28)

São duas situações que afetam o direito autoral, pois ele, de um lado, é patrimonial e, de outro lado, vincula-se à personalidade, especialmente naquilo que diz respeito aos aspectos morais.

Direito especial por excelência, ele só se torna um negócio na medida em que a obra vem a público, oportunidade em que se transforma, também, em fato gerador de obrigações fiscais que a lei específica disciplina.

Mas aqui é necessário examinar o problema também no seu aspecto fiscal, pois o critério de bem móvel do direito de autor não pressupõe uma categoria que a torne alvo de taxações que, comumente, recaem sobre objetos, produtos, bens e serviços.

O autor continua sendo o realizador de uma obra do espírito que produz uma renda de caráter pessoal. A comercialização de sua obra é que vai se constituir no fato gerador de impostos e taxas. Mas os proventos do autor não se confundem com a comercialização da base na qual se fixou a obra de criação. É possível – e isso acontece no Brasil, onde a fúria fiscal é bem conhecida... – taxar o resultado das vendas e revendas de livros, através dos vários e mais diversificados impostos e taxas. Mas o direito autoral só pode ser taxado como renda pessoal, fruto de uma atividade individual diferenciada, e nunca como uma prestação de serviços.

O caráter de bem móvel, no caso, é uma ficção jurídica sem a qual seria impossível praticar os diferentes atos de fruição e gozo dos direitos autorais. Ele não tem movimento próprio nem pode ser conduzido, a não ser no momento em que se considere sua base física. É por isso mesmo um gênero especial que merece estatuto próprio. Pode ser, inclusive, considerado um direito real, como diz Darcy Bessone:

"Visto que há direito mobiliário e patrimonial, não há como fugir à sua inclusão no campo dos direitos reais, conquanto o direito do autor somente caiba nele no tanto atinente à realidade". (*Direitos Reais*, p. 123)

Há que se destacar a ressalva que o ilustre e eminente jurista faz, segundo a qual "o direito do autor somente caiba nele no tanto atinente à realidade".

São as questões materiais, portanto suscetíveis de apropriação, que entram no campo dos direitos reais em matéria autoral, podendo-se, portanto, praticar todos os atos em direito permitidos.

O problema adquire vulto na medida em que o país se desenvolve. É quando o pensamento criador, mola propulsora do desenvolvimento, se torna importante e mesmo decisivo, constituindo-se em reserva estratégica da nação e ponto marcante de sua identidade cultural.

O direito autoral é, por isso mesmo, um gênero especial que merece capítulo à parte no ordenamento jurídico, evitando-se os equívocos, inclusive de natureza fiscal, que sua inclusão na categoria de bens móveis muitas vezes provoca.

A INTERPRETAÇÃO DOS NEGÓCIOS JURÍDICOS

O avanço e o desenvolvimento geralmente abalam a estabilidade social. Nem sempre um novo conceito convive com o conceito anterior. Isso pode determinar uma crise nas relações da sociedade, cujo equilíbrio é necessário restabelecer. É a função da lei e do direito em geral.

A norma legal, seja qual for seu formato, é a base para a manutenção e o restabelecimento do equilíbrio social, indispensável à convivência pacífica do agrupamento coletivo. É um parâmetro, espécie de luz condutora, pautando os comportamentos sociais. Sem isso, teríamos o caos. A lei sempre foi o limite do que se pode e do que não se pode fazer.

O sistema legal, por isso mesmo, reclama estabilidade, condição para a boa ordem social. Não poderia ser de outra forma. É âncora e porto que deve sobreviver às tempestades do desenvolvimento e, sobretudo, das transformações. Diz Ronaldo Poletti:

> "Não se há de alterar a lei, para amoldá-la às novas circunstâncias, mas interpretá-la de maneira a colimar tal objetivo". (*Introdução ao Direito*, p. 281)

Muitas vezes a lei estabelece os parâmetros para sua interpretação, determinando os limites da própria aplicabilidade.

No caso dos direitos autorais, o artigo 4º da lei 9.610 edita:

> "Interpretam-se restritivamente os negócios jurídicos sobre os direitos autorais".

O legislador teve como objetivo limitar restritivamente "os negócios jurídicos". Mas isso não implica em limitar a interpretação da lei, torná-la fixa, inerte. E aqui é necessário distinguir entre a lei propriamente dita e os fatos e atos a que ela se aplica.

Juvêncio Gomes Garcia afirma o seguinte a esse respeito:

> "Se o legislador disse menos do que pretendia *(minus dixit quam voluit)*, cabe ao intérprete ampliar o pensamento real do legislador; é a interpretação extensiva. Se, porém, o legislador disse mais do que pretendia dizer *(plus dixit quam voluit)*, cabe ao intérprete restringir o campo de ação sobre o qual a norma pode atuar: é a interpretação restritiva". (*Função Criadora do Juiz*, p. 164)

No caso em pauta, o legislador teve em conta o fato de que o campo do direito autoral se amplia continuamente. Cobria, de início, o livro e as artes plásticas. Evoluiu para o disco, o cinema, o fonograma, a televisão e chega à internet, ao espaço cibernético e aos meios intangíveis de fixação da obra criativa.

Há uma constante evolução dos meios e formas de expressão artística que a lei deve cobrir. Nesse sentido, amplia-se a aplicação do preceito legal. Mas, ao mesmo tempo, ele se restringe na aplicação fática. O direito autoral é o mesmo: ele cobre as novas expressões e formas de criação, mas nem por isso elas se comunicam, o que prejudicaria o criador, vendo sua obra multiplicar-se em formas várias sem disso auferir qualquer proveito.

A amplitude extensiva da lei autoral abrange – e vai abranger sempre e cada vez mais – os novos meios de fixação e difusão da arte. Mas, evidentemente, restringe-se, na sua aplicabilidade, a cada um deles.

Dessa forma, o direito do autor sobre o livro que escreveu é o mesmo que o vai proteger na inserção desse livro no espaço cibernético ou na sua transformação em audiovisual.

É a aplicação extensiva da lei em razão da matéria.

Mas o contrato que cobre a edição do livro não se pode ampliar para cobrir outras formas de divulgação, a não ser que esta seja a intenção manifestada livremente pelas partes.

O artigo 29 da lei 9.610 diz que depende de autorização "prévia e expressa" do autor a utilização de sua obra, por quaisquer modalidades. E o artigo 31 edita:

> "As diversas modalidades de utilização de obras literárias, artísticas ou científicas ou de fonogramas são independentes entre si, e a autorização concedida pelo autor, ou pelo produtor, respectivamente, não se estende a qualquer das demais".

O aspecto restritivo diz respeito, portanto, ao negócio jurídico e não aos fatos de que a lei vai se ocupar. As diferentes modalidades de utilização das obras poderão ampliar-se ao infinito, sem que se altere a lei. Ela é aplicável amplamente, naquilo que se conhece ou que se venha a conhecer. Mas essa aplicação é restrita ao negócio jurídico firmado entre as partes interessadas. Para Carlos Maximiliano a interpretação restritiva

> "não reduz o campo da norma; determina-lhes as fronteiras exatas; não conclui *de mais* nem *de menos* do que o texto exprime, interpretado à luz das idéias modernas sobre Hermenêutica. Rigorosamente, portanto, a exegese *restritiva* corresponde, na atualidade, à que outrora se denominava *declarativa estrita;* apenas *declàra* o sentido *verdadeiro* e o alcance *exato;* evita a dilatação, porém não suprime coisa alguma". (*Hermenêutica e Aplicação do Direito*, p. 201)

No caso, as fronteiras da norma estão estabelecidas no que tange aos negócios jurídicos sobre direitos autorais. O alcance é amplo. A aplicação é restrita.

Essa aplicação é de ordem pública, conforme assinala Carlos Alberto Bittar:

> "Assim, com a aplicação do princípio geral, a conseqüência última será a ineficiência pura e simples do contrato

que dispuser ao contrário. Com efeito, as partes não podem alterar as citadas regras de interpretação, de conformidade com o princípio da predominância da ordem pública. Nesses casos, o direito especial derroga o direito comum". (*Contornos Atuais do Direito do Autor*, p. 49)

Os negócios jurídicos são específicos, embora o preceito legal seja amplo e, portanto, o mesmo para casos diferentes.

A lei, como se sabe, não é um documento que tenha a faculdade de prever todas as nuances e relações do mundo social. Disso resulta a necessidade da interpretação, que é o papel exercido pelo juiz.

A interpretação da lei aplicável refere-se a uma situação determinada no mundo dos negócios jurídicos, enquanto o negócio jurídico em si é diferente. Num caso é amplo, extensivo; noutro é particular, restrito, específico.

É precisamente o negócio jurídico em si que se interpreta restritivamente, quando se trata de direitos autorais, nos termos do que estabelece o artigo 4º da lei 9.610.

Audiovisual... Sem Som!

A lei brasileira de direitos autorais, como toda lei, tem imperfeições, e algumas gritantes, a começar pelo fato de não fixar o período de duração dos direitos do autor enquanto vivo...

O artigo 5º elenca, exemplificativamente, os vários elementos que a lei considera como integrantes do sistema que envolve direitos de autor, definindo funções e fatos. A letra "i", do item VIII, refere-se a obra audiovisual, cujo texto diz:

> "i) audiovisual – a que resulta da fixação de imagens com ou sem som, que tenha a finalidade de criar, por meio de sua reprodução, a impressão de movimento, independentemente dos processos de sua captação, do suporte usado inicial ou posteriormente para fixá-lo, bem como dos meios utilizados para sua veiculação".

Logo a seguir, o artigo 7º relaciona "as obras intelectuais protegidas", incluindo, entre elas, no item VI, "as obras audiovisuais, sonorizadas ou não, inclusive as cinematográficas".

A tradição brasileira é de rigor técnico nas expressões utilizadas para formular textos legais, o que herdamos do velho Código Civil, que é exemplar.

No caso, a expressão "obras audiovisuais, sonorizadas ou não", criou uma certa perplexidade em quem não pode admitir áudio sem som... Ora, a característica do áudio é, exatamente, a existência do som. Não existindo som, não há áudio...

A linguagem, entretanto, é um elemento vivo, que se transforma ao correr do tempo, esquecendo e sepultando determinados termos e incorporando outros que a própria vida vai criando.

No caso, o termo audiovisual adquiriu outra conotação, tendo, inclusive, razão de ser, pois **áudio** diz respeito ao aspecto **auditivo**, o que pode comportar tanto o som como o silêncio.

O problema não passou despercebido dos autoralistas, tanto que Delia Lipszyc assim se refere:

> "A locução *obras audiovisuais* emprega-se cada vez mais nas leis, documentos internacionais e estudos doutrinários para designar todas as obras que apresentam certos elementos comuns decisivos destas, sem tomar em consideração o procedimento técnico empregado para a fixação, nem o destino essencial para o qual foram criadas". (*Derecho de Autor y Derechos Conexos*, p. 91)

A expressão generalizou-se. A própria Delia Lipszyc proclama esse fato, dizendo que "se generalizou o uso da expressão *obras audiovisuais* para designar em conjunto as obras cinematográficas e aquelas que a Convenção de Berna (art. 2º, §1º) designa como "obras que se expressam por procedimento análogo à cinematografia".

O termo entrou para as legislações nacionais de vários países. Adquiriu, portanto, vida própria para designar a fixação de imagens dando a ilusão de movimento *com ou sem som*.

O prof. José de Oliveira Ascensão, que é extremamente meticuloso, usa o termo sem qualquer restrição, inclusive considerando-o como uma nova categoria de expressão criativa. Diz:

> "A obra audiovisual tem sua manifestação paradigmática na obra cinematográfica. Há ainda a obra televisiva, que é a obra audiovisual que só se diferencia da cinematográfi-

> ca por ter sido criada para as condições especiais da radiodifusão visual".

O termo audiovisual entrou definitivamente para o vocabulário universal como designação de um produto do nosso tempo, englobando uma forma artística que se iniciou com o cinema mudo e chega a nossos dias com uma grande profusão de efeitos visuais e sonoros, muitas vezes de gosto duvidoso.

É uma forma de manifestação, cuja finalidade é criar, por meio de sua reprodução, a impressão de movimento – com ou sem som... – que a lei autoral considera e protege.

A MATERIALIZAÇÃO DA OBRA

O artigo 7º da lei autoral define e apresenta exemplos de obras protegidas.

Esse artigo sofreu pequena mas substancial alteração, pois o legislador procurou abarcar o presente e o futuro. Com efeito, o texto inicia-se desta forma:

> "São obras intelectuais protegidas as criações do espírito, expressas por qualquer meio ou fixadas em qualquer suporte, tangível ou intangível, conhecido ou que se invente no futuro, tais como:"

Segue-se a exemplificação que, introduzida mediante as palavras "tais como", deixa aberto um campo largo – larguíssimo – para a inclusão de novos meios e formas de expressão.

Esse texto corresponde ao artigo 6º da antiga lei 5.988, que não pretendia ter um horizonte tão amplo, dizendo, simplesmente, que "são obras intelectuais as criações de espírito, de qualquer modo exteriorizadas (...)".

O novo texto é mais detalhado, pois refere-se, de maneira até redundante, às criações do espírito expressas **por qualquer meio** ou fixadas em **qualquer suporte**, conceitos que se equivalem.

Dois, entretanto, são os pontos novos nesse artigo: quando ele se refere às obras fixadas em qualquer suporte **tangível ou intangível** e, a seguir, a referência a que ele **seja conhecido ou que se invente no futuro.**

Esta última expressão é uma cautela compreensível, pois a realidade tecnológica se modifica constantemente. A longevidade de uma lei reside, basicamente, em sua abrangência e na interpretação pretoriana. Logo, o legislador cuidou de assegurar a sobrevivência do texto, procurando, de maneira aliás simplista, cobrir o futuro. Compreende-se.

Mas o problema surge é na indicação do tipo de suporte que servirá de meio para a expressão do que a própria lei chama de **criações do espírito.**

Como se não bastasse dizer que a obra do espírito pode expressar-se por qualquer meio ou fixar-se em qualquer suporte, o legislador vai além, declarando que esse suporte pode ser **tangível ou intangível.**

Ora, uma das condições para que a obra criativa seja protegida é precisamente sua manifestação concreta. A lei não protege as idéias, o pensamento abstrato, conforme edita o item I do artigo 8º:

> "Não são objeto de proteção como direitos autorais de que trata esta lei:
>
> I – as idéias, procedimentos normativos, sistemas, métodos, projetos ou conceitos matemáticos como tais;"

Portanto, o que a lei protege são as manifestações concretas do espírito criador, aquilo que, a partir do pensamento abstrato do autor, se materializa de tal forma que fale à sensibilidade.

A Convenção de Berna, em sua artigo 2º, declara:

> "1) Os termos obras literárias e artísticas compreendem todas as produções do campo literário e científico, qualquer que seja o modo ou forma de expressão".

Dois pontos básicos se destacam: 1) a idéia em si não é protegida; 2) a proteção recai sobre a forma de manifestação artística.

Delia Lipszyc, autoralista extremamente cuidadosa na qualificação do que seja uma obra de criação, diz o seguinte:

> "O direito de autor está destinado a proteger a forma representativa, a exteriorização de seu desenvolvimento em obras concretas aptas para serem reproduzidas, represen-

> tadas, executadas, exibidas, radiofonizadas, etc., segundo o gênero a que pertençam, a regular sua utilização.
>
> Só está protegida a *forma sensível* sob a qual se manifesta a idéia e não a idéia mesma, que se expresse de maneira esquemática, ou seja, em uma obra. O direito de autor protege a expressão formal do desenvolvimento do pensamento, outorgando ao criador direitos exclusivos de caráter patrimonial à publicação, difusão e reprodução da obra e direitos de caráter pessoal". (*In Derecho de Autor y Derechos Conexos*, p. 62)

Quando se fala em **forma sensível** evidentemente está-se diante de algo que pode ser percebido pelos sentidos, no que todos os autoralistas estão de acordo. Sensível, no caso, não significa apenas aquilo que é materialmente palpável. Há coisas intangíveis que são sensíveis.

Carlos Alberto Bittar é categórico e muito claro a esse respeito:

> "A obra *(corpus misticum)* deve ser incluída em um suporte material *(corpus mechanicum)*, salvo nos casos em que oral é a comunicação, quando se identifica e se exaure, no mesmo ato, a criação (aula, conferência, palestra, discurso, dança, mímica e outras).
>
> Cada manifestação estética tem sua forma de extrinsecação, coexistindo, muitas vezes, com respeito à mesma obra, por sua natureza, modos diferentes de comunicação". (*Direito de Autor*, p. 22)

Diante da idéia generalizada de um suporte palpável, ou, como diz a lei, *tangível*, para fixação da obra de arte, a palavra *intangível*, obviamente, provoca dúvidas. Ela tem significado claro nos dicionários: é algo que não se pode tocar, apalpar, é intáctil.

Se o suporte é intangível, como pode a obra materializar-se?

Diante da revolução tecnológica, pensa-se, logo, no espaço cibernético, esse caminho ainda misterioso por onde navegam textos, sons e imagens. Mas, na verdade, a internet é um meio para comunicação e não uma forma de fixação das criações do espírito. Tanto assim que a Suprema Corte dos Estados Unidos derrubou as medidas do governo que tinham como objetivo controlar determinados materiais divulgados pela internet – no caso, material pornográfico. Entenderam os juízes americanos que, para evitar um mal, estar-se-iam abrindo as portas para mal muito maior, ou seja, restrições à liberdade de expressão.

No computador a obra está fixada num suporte – o disco rígido. Ele está presente, existe. Pode-se, inclusive, considerá-lo tangível no sentido físico de se poder tocá-lo, mas não de se perceber o texto nele contido, como se toca e percebe um livro. Mas, sem dúvida, é algo material.

A idéia de que a comunicação cibernética é imaterial não tem lógica nem apoio científico. Ela é intangível no sentido do toque, mas existe fisicamente.

Na manifestação criativa temos a fixação num suporte determinado e sua comunicação ao público, através de diferentes meios e formas, em muitos casos intangíveis, como o rádio, a televisão e agora a internet.

Exemplo interessante são as bibliotecas virtuais. Não podemos tocá-las. Elas são, nesse aspecto, intangíveis. E todavia existem materialmente. Os livros foram digitados, armazenados num suporte específico e colocados à disposição do público que pode acessá-los através de computadores.

Como então se pode, para fins de direitos autorais, examinar o que seja suporte intangível para fixação das criações do espírito?

Carlos Alberto Bittar, com o espírito acurado que o caracterizava, referiu-se a formas e suportes, aliás antiguíssimos, para fixar a obra de criação. É o caso da palavra, da voz humana, e do próprio corpo, em suas diferentes manifestações criativas: a declamação, o canto, a conferência, o sermão, a interpretação musical, a dança.

A lei assegura, como direitos conexos, ao "artista intérprete ou executante" o direito de autorizar ou proibir o uso de seu trabalho.

Nesse sentido, o texto legal, como se vê no Título V da lei 9.610, é bastante claro, especificando os direitos daqueles que, como intérpretes, se constituem, sem dúvida alguma, em suporte **intangível** para a fixação de uma obra criativa. Não se pode "tocar" a palavra. Mas é possível fruir, gozar e apreciar sua aplicação interpretativa.

Dessa forma, o artigo 7º da lei autoral, em seu preâmbulo, torna-se claro, pois existem, e sempre existiram, suportes intangíveis para fixação das obras de criação do espírito.

Além dos elementos naturais – como o corpo humano e seus movimentos, a voz e os sons artificialmente produzidos – as novas tecnologias, em muitos casos, constituem elementos intangíveis que podem fixar o pensamento criador.

O fato de ser intangível não significa imaterialidade. É apenas algo que existe mas não se pode tocar, ou até mesmo perceber, sem a participação de determinados aparelhos, como é o caso atual dos computadores.

Nesse sentido os conceitos fixados no artigo 7º encontram plena justificativa na realidade de ontem e de hoje.

O prof. José de Oliveira Ascensão a esse respeito é taxativo, quando diz:

> "(...) a confusão entre a obra e sua materialidade subsistiu durante muito tempo. Ainda hoje, quer em instrumentos internacionais quer nas leis se continuam a referir "os livros, folhetos e outros escritos", sem se reparar que o que se protege é a obra literária e não as modalidades variáveis da sua materialização; e que a obra literária pode ser reduzida ou não a escrito". (*Op. cit.*, p. 5)

Não poderia ser mais claro o ilustre mestre.

As Cartas Missivas

A lei 5.988/73 considerava as cartas missivas como obras de criação protegidas. Com efeito, ela declarava, no item I do artigo 6º, que são obras protegidas "livros, brochuras, folhetos, cartas missivas e outros escritos".

A lei atual excluiu as cartas missivas da proteção autoral.

Assim, no artigo 7º, que elenca, exemplificativamente, o que são "obras intelectuais protegidas", não há referência a cartas missivas. O termo foi retirado da nova lei. E com razão.

Efetivamente, a carta, em si, é um meio de comunicação, não uma obra de criação artística, o que já havia notado, com muita propriedade, o prof. José de Oliveira Ascensão, ao dizer:

> "... mais longe ainda da figura da obra literária ou artística está a carta missiva. Esta é um veículo, manuscrito ou não, e não se confunde com a obra que porventura encerra. A

> proteção da lei é uma proteção da pessoa do autor, que pode limitar faculdades genericamente reconhecidas". (*Direito Autoral*, p. 68)

Não faz sentido estender a um meio de comunicação, que é a missiva, a proteção autoral. Existem cartas de todos os gêneros, a maioria absoluta sem qualquer aspecto criativo, como é o caso da correspondência comercial.

No artigo 34, entretanto, vamos encontrar um texto estranho, alheio a uma lei de direitos autorais, algo completamente fora de propósito, um corpo deslocado e espúrio no conjunto da matéria:

> "As cartas missivas, cuja publicação está condicionada à permissão do autor, poderão ser juntadas como documento em processos administrativos e judiciais".

Não sendo protegida como obra de criação, não há qualquer sentido para esse texto, que melhor caberia em outro instrumento legal.

A verdade é que, nos termos da lei 9.610, temos o seguinte:

a) a carta missiva não é protegida como obra de criação;
b) ela, entretanto, só pode ser divulgada com permissão do autor, por força do artigo 34.

Tanto do ponto de vista legal como da doutrina, e da própria lógica que emana da matéria, não há direito autoral sobre uma carta, por mais importante e famoso que seja seu autor.

Posta nesses termos, a situação parece simples e clara, sem nenhum problema, salvo quando o autor morre e seus herdeiros passam a usufruir os proventos do comércio autoral. E há, no caso de cartas missivas, gordos rendimentos e, às vezes, pelo uso incauto da missiva em uma obra qualquer, indenizações apreciáveis, quase sempre reclamadas com avidez.

Só que os herdeiros, agora, já não podem negociar essas cartas, pois elas não geram direitos autorais. E mais ainda, é algo que não lhes pertence, pois o legislador, ao retirar do novo texto a proteção autoral sobre as cartas missivas, alterou toda uma situação patrimonial.

A carta situa-se, claramente, entre os direitos da personalidade. A lei protege, inclusive em nível constitucional, o sigilo da correspondência, preservando a intimidade de seu conteúdo.

Raymond Lindon, citado por Bittar, não tem dúvidas quanto a isso e, ao elencar direitos da personalidade, entre eles inscreve as cartas missivas:

> "Raymond Lindon, sem propriamente definir uma classificação, versa sobre os direitos: ao respeito à vida privada e à imagem; aos modos de designação da pessoa, notadamente o nome; à sepultura; às lembranças da família; às cartas missivas; à defesa de consideração; e ao direito moral de autor". (*Direitos da Personalidade*, p. 16)

No pensamento dos juristas, a carta é a forma através da qual uma pessoa exprime e transmite a outra pensamentos, fatos, informações, sentimentos. É manifestação íntima, seja uma carta de amor, seja uma informação qualquer. Trata-se de algo que se exercita de maneira pessoal.

Os direitos da personalidade têm dois aspectos: aquele que é inerente, ligado, indissolúvel à pessoa, a seu corpo, e aquele que é utilizado, usado, aplicado. Um é conferido pela própria natureza do ser e das coisas; o outro é estatuído a partir de uma relação social.

O direito à vida é inerente ao homem; mas o direito à liberdade é uma conquista social que se plasma na lei e no próprio contrato do cidadão com o Estado de que ele faz parte.

Dessa forma, há uma lista, que é extensa, de direitos da personalidade: à vida, à honra, à dignidade, à liberdade, à ancestralidade, à pátria, à paternidade das obras que se criam e, também, da correspondência que se escreve e envia.

Mas os direitos da personalidade têm um limite. Eles terminam com a vida de seu titular. A morte os extingue.

A esse respeito Carlos Alberto Bittar diz:

> "Outrossim, de um modo geral, os direitos da personalidade terminam, como os demais direitos subjetivos, com a morte do titular, exaurindo-se assim com a exalação do último sopro vital (em consonância, aliás, com o princípio do *mors omnia solvit*)". (*Direitos da Personalidade*, pp. 12-13)

Em seu *Curso de Medicina Legal*, Odon Ramos Maranhão expressa a mesma opinião:

> "Os direitos da personalidade, de modo geral, terminam com a morte do titular, que ocorre quando se verifica parada irreversível da circulação e da respiração".

Após a morte subsistem alguns direitos, tais como o respeito ao corpo e a suas partes, à imagem, à integridade moral da memória e, no caso dos autores, seus direitos morais. Mas a personalidade como tal e seus direitos desaparecem.

A lei define os direitos morais do autor em seu artigo 24, inclusive aqueles que se transmitem aos sucessores. Mas isso não se aplica à carta missiva, já que a lei autoral não mais a considera obra de criação. Trata-se, agora, de uma propriedade e como tal deve ser encarada.

Como obra protegida, a carta missiva tinha dois aspectos intrínsecos do direito de autor: o moral e o patrimonial, este transmitido aos herdeiros, conforme vocação hereditária estabelecida em lei.

Ora, não há mais direitos morais de autor em relação à carta missiva, pois ela não tem mais o atributo de obra de arte. E nem poderia ter, pois trata-se apenas de uma forma de comunicação. Conseqüentemente os aspectos relacionados com os direitos morais desaparecem em relação às cartas missivas. Estão presentes, é claro, outros aspectos relativos a direitos da personalidade, tais como honra, integridade, lisura, dignidade e outros atributos pessoais do missivista e de terceiros eventualmente citados ou envolvidos.

Os descendentes do missivista, obviamente, não herdam os direitos da personalidade e, agora que a carta missiva já não tem proteção autoral, não herdam também os direitos patrimoniais sobre esse documento.

É que, morto o remetente, a missiva passa a ser propriedade do destinatário. Delia Lipszyc, ao tratar desse assunto, diz que, na correspondência epistolar, deve-se distinguir, além do direito de autor, conferido pela lei antiga, também os direitos do destinatário, ao qual a carta pertence como objeto físico. Ele a recebeu; a ele foi dirigida.

E aqui chegamos ao ponto crucial: não havendo direito autoral, os herdeiros, em relação às cartas missivas, nada possuem. Subsiste, agora, tão-somente a propriedade material, que é do destinatário, daquele que a recebeu. Em vida, por força do artigo 34, cabe ao autor da carta o direito de autorizar ou negar sua publicação. Mas essa faculdade não se transmite aos herdeiros, pois a missiva, agora, é uma propriedade. Extinguiu-se, por força da lei, o direito autoral, que não se confere mais à carta missiva; extinguiu-se, também, o direito da personalidade em relação a esse documento, em face da morte do remetente.

Os direitos da personalidade são próprios e inseparáveis da pessoa, portanto intransmissíveis. A esse respeito diz Carlos Alberto Bittar Filho:

> "Trata-se de direitos inerentes à pessoa e dotados de certas particularidades que limitam a própria ação do titular (como, *v.g.*, a irrenunciabilidade, a imprescritibilidade, a intransmissibilidade e a impenhorabilidade); efetivamente ele não pode eliminá-los através de ato de vontade, sendo-lhe facultado, contudo, deles dispor, privativamente, em dadas ocasiões". (*Tutela dos Direitos da Personalidade* e *dos Direitos Autorais nas Atividades Empresariais*, p. 10)

Não se herdam direitos da personalidade, portanto.

Morto o remetente da carta, ele não tem, sobre ela, mais nenhum poder. É evidente que os herdeiros do autor poderão defender sua memória, sua honra, sua dignidade e, inclusive, tomar medidas caso a revelação da carta venha a prejudicá-lo, ou a terceiros nela eventualmente mencionados. Mas do ponto de vista da exploração autoral, terminam os direitos de comércio que a lei anterior conferia a seus herdeiros ao considerar a carta missiva como obra protegida.

O que resta, então?

Resta a propriedade material sobre um bem móvel, ou seja, a carta que um destinatário recebeu. Ela é uma propriedade – *jus in re* – e como tal deve ser encarada. Pertence a quem a recebeu, como destinatário devidamente nominado.

E o caráter máximo da propriedade é a disponibilidade do bem. Darcy Bessone leciona com precisão:

> "A propriedade, em regra, é plena, o que significa que o proprietário é titular de todos os direitos que se unificam no de propriedade. O seu conteúdo, em princípio, é, pois, unitário e global". (*Direitos Reais*, p. 7)

No que tange à disponibilidade do bem, o nosso Código Civil, em seu artigo 524 informa:

> "A lei assegura ao proprietário o direito de usar, gozar e dispor de seus bens, e de reavê-los do poder de quem quer que injustamente os possua".

Deixando de ser considerada "obra intelectual" em face do que define o artigo 7º da lei 9.610, a carta missiva é uma propriedade que, morto seu autor, pertence ao destinatário, seu detentor e proprietário. Ele não poderá modificá-la, pois sua integridade inclui-se nos direitos da personalidade que ultrapassa a morte do missivista. Mas dela poderá dispor, como sua propriedade. Em vida, por força do artigo 34, só o autor da carta missiva poderá autorizar sua publicação. Morto, esse direito não passa a seus sucessores.

A nova lei de direitos autorais apresenta, nesse caso, uma modificação profunda e radical. Aquilo que era tutelado como direito autoral agora é apenas uma propriedade que encerra, por seu conteúdo, elementos inerentes aos direitos da personalidade. Como tal, encontra tutela no lugar apropriado do ordenamento jurídico, mas jamais no âmbito específico dos direitos autorais.

A conclusão é lógica:

1) as cartas missivas, nos termos da nova lei, não são mais protegidas como obras intelectuais;
2) não sendo elas um bem autoral, os herdeiros do *de cujus* não têm sobre elas qualquer direito;
3) o direito da personalidade, salvo naquilo que diga respeito à honra e à dignidade do missivista, desaparece com a morte deste;
4) prevalece, agora, o conceito de propriedade, sendo proprietário da missiva aquele que, nominadamente, a recebeu e, geralmente, a detém;
5) o proprietário tem todo o direito de dispor desse bem, que lhe pertence, ressalvada a honra, a dignidade e a memória do missivista.

A Fotografia: Alguns Problemas

Durante muito tempo a fotografia foi objeto de discussões. Uma corrente bastante forte, particularmente entre os franceses, não a aceitava como arte, mas apenas como um processo mecânico para a fixação de imagens. Não viam nisso mais do que uma habilidade técnica no manejo da máquina.

A lei 5.988/73, seguindo essa orientação, protegia apenas as fotos que se enquadrassem no conceito de obras de arte, conforme estabelecia o item VII do artigo 6º:

> "São obras intelectuais as criações do espírito, de qualquer modo exteriorizadas, tais como: (....)
>
> VII – as obras fotográficas e as produzidas por qualquer processo análogo ao da fotografia, desde que, pela escolha de seu objeto e pelas condições de sua execução, possam ser consideradas criações artísticas".

O texto, é evidente, abriu grandes discussões, inclusive nos tribunais e entre peritos no assunto, pois o conceito de "criação artística" é subjetivo, variando no tempo, no espaço e mesmo de pessoa para pessoa. A nova lei sepultou a discussão, já que o artigo 7º declara que:

> "são obras intelectuais protegidas as criações do espírito, expressas por qualquer meio ou fixadas em qualquer suporte, tangível ou intangível, conhecido ou que se invente no futuro, tais como: (...)
>
> VII – as obras fotográficas e as produzidas por qualquer processo análogo ao da fotografia".

Como se vê, desapareceu a restrição.

Agora a fotografia, seja ela qual for, é protegida como obra de criação artística, e o fotógrafo é o titular dos direitos autorais. Claro: esse direito sofre as limitações que a lei estabelece para o trabalho criativo em geral, a começar pelo fato de que os direitos constitucionais do fotografado devem ser respeitados. A imagem não pode ser utilizada ao bel-prazer do fotógrafo ou de quem quer que se utilize da fotografia. Há todo um ritual para isso que se resume numa autorização formal da pessoa fotografada para o uso de sua imagem.

Além disso, deve-se considerar que a fotografia pode ser um elemento informativo e, portanto, jornalístico, quando for o caso. É a foto-reportagem que, como regra geral, a lei permite que circule sem restrições.

As convenções internacionais e a nossa legislação preservam a liberdade de informação e imprensa, aí também se incluindo a notícia fotográfica.

Manuel Joaquim Pereira dos Santos, a esse respeito, diz:

> "... o interesse público decorrente dos fatos ou situações que constituem o assunto das fotos jornalísticas parece às vezes sugerir uma equiparação destas às notícias e artigos informativos". (*O Direito de Autor na Obra Jornalística Gráfica*, p. 86)

E, mais adiante, acrescenta:

> "(...) deve-se referir que as fotos jornalísticas, como de resto ocorre com todas obras jornalísticas, ficam sujeitas a certas restrições, estabelecidas no interesse da liberdade de informação: o critério do interesse público e o respeito à intimidade das pessoas. Em ambos os casos, a atividade do repórter fotográfico é limitada em função de certos valores ou princípios, cujo respeito interessa à sociedade." (*Op. cit.*, p. 89)

Não há dúvida quanto a isso: a foto jornalística é notícia e como tal deve ser tratada. A Convenção de Berna no artigo 10º bis, item 2, não veda a difusão livre da foto com finalidade informativa, reservando às legislações dos países membros a faculdade de estabelecer as condições de sua publicação.

A divulgação de fotos de pessoas públicas é, evidentemente, livre, ressalvando-se, tão-somente, sua intimidade. A vida profissional, e mesmo o sucesso dessas pessoas, muitas vezes, dependem da mídia. É o caso dos artistas e dos políticos. Seria ilógico vedar a divulgação de fotos de políticos, artistas ou desportistas famosos.

O interesse público, por sua vez, é um elemento que limita os direitos autorais sobre a fotografia e, inclusive, o próprio direito à imagem do fotografado.

Álvaro Antônio do Cabo Notaroberto Barbosa, em seu livro *Direito à Própria Imagem*, refere-se às limitações que sofre esse direito quando se trata de um interesse de ordem pública. Cita, a propósito, o Código Civil português, artigo 79, 2:

> "Não é necessário o consentimento da pessoa retratada quando assim o justifiquem (...) exigência de polícia ou de justiça".

E conclui esse autor:

> "Tal disposição faz sentido, uma vez que não teria lógica, por exemplo, um criminoso se opor à reprodução e difusão de seu retrato falado..."

Nesse caso, por exemplo, os repórteres de certos programas policiais de televisão podem, perfeitamente, mostrar a imagem de criminosos apanhados em flagrante. Estão prestando um serviço à coletividade. É um caso típico de interesse público.

Tais problemas, obviamente, estão claros, seja pelos preceitos legais, seja pela própria lógica que emana da apreciação dos fatos.

Mas a fotografia, hoje, entrou na era dos computadores e de processos automáticos que dispensam a ação do homem. E aqui começa uma nova ordem de problemas.

Até agora tratamos do fotógrafo e do resultado de seu trabalho, a fotografia. Os meios técnicos por ele utilizados não entraram em conta. São elementos auxiliares do trabalho principal, que é o processo fotográfico.

A revolução tecnológica trouxe para esse campo – como para outros tantos – uma situação nova, o que exige um repensar do assunto e o posicionamento de juristas e doutrinadores.

A "inteligência artificial" é um fato. A máquina vem realizando, à perfeição, atividades que antes cabiam, com exclusividade, ao ser humano. As fotos automáticas tornaram-se comuns. Aperta-se um botão e, minutos depois, a foto é expelida pela máquina. Um aparelho colocado em determinado ponto pode ser regulado para, automaticamente, fotografar qualquer local em seqüências devidamente programadas. Nas ruas e estradas, aparelhos especiais fotografam automóveis e seus condutores, fixando flagrantes de violações das leis de trânsito.

São casos em que a máquina substitui o homem. A fotografia fica. O fotógrafo desaparece.

O prof. Ascensão anotou o fenômeno:

> "Mais categoricamente ainda, podemos imaginar uma câmara assestada sobre uma rua, que automaticamente tira dela fotografias a intervalos regulares. Não há aqui ato humano na operação. Há uma verdadeira fotografia, mas

> nunca pode haver obra artística. Tal como as fotografias enviadas por satélites". (*Op. cit.*, p. 419)

Ora, autor é sempre pessoa física, conforme edita a lei autoral brasileira em seu artigo 11:

> "Autor é a pessoa física criadora de obra literária, artística ou científica".

Diz Isabel Espín Alba:

> "A expressão direito de autor por si mesma nos coloca no centro de gravidade do direito: *promover a dignidade da pessoa do autor, através da garantia do direito ao desfrute econômico e espiritual de sua obra. De tal maneira que a tutela dos interesses morais e patrimoniais do autor é a aspiração máxima desse ramo jurídico*". (*Contrato de Edición Literária*, p. 73)

O direito autoral tem como objetivo proteger o autor, titular exclusivo dos direitos sobre a obra que criou, faculdade única que o coloca no centro de todo o sistema jurídico que envolve essa matéria.

A pessoa jurídica não cria uma obra de arte e engenho. Pode ser titular do direito, mas nunca autora.

Esse é o pensamento, também, do eminente autoralista Antônio Chaves:

> "A qualidade de autor pertence às pessoas físicas, visto serem as que têm faculdades de criar, avaliar e sentir. Seria contrário à própria natureza das coisas atribuir a qualidade de autor de uma obra intelectual a uma pessoa jurídica. Lembra *Valerio de Santis* ser o problema da titularidade do direito de autor por parte de pessoas jurídicas (relevante mesmo aos fins de legitimação para estipular contratos nessa matéria) dos mais debatidos e diferentemente regulamentado pelas várias legislações nacionais, porquanto relaciona-se às diversas concepções sobre a natureza do direito". (*Criador da Obra Intelectual*, p. 199)

O criador, portanto, é o ser humano, dotado de sensibilidade especial e vocação natural para produzir obras de arte e engenho.

No caso da fotografia, estamos diante de uma situação que vai se generalizando: a foto sem o fotógrafo, portanto sem a pessoa física autora do trabalho. A máquina já não é um instrumento auxiliar do autor. Ela é a própria realizadora da obra em todas as suas fases.

O problema é mais amplo: ele surge, agora, em face do advento da inteligência artificial, onde o computador começa a produzir obras que têm valor artístico inegável. No caso da fotografia, muitas vezes, é um computador que aciona a máquina.

Carlos Alberto Bittar estudou o problema com rara previsão do futuro, pois seu livro a esse respeito – *Contornos Atuais do Direito do Autor* – data de 1992. Dizia o mestre:

> "No plano da criação e da execução, o computador vem substituindo instrumentos de trabalho de artistas, como o cinzel, o pincel, o lápis, etc., e na música, onde as experiências já são mais antigas, atua como meio mecânico de transmissão de sons, ou seja, como verdadeiro instrumento musical. E mais: a capacidade de interação com o homem – que só o computador possui – confere-lhe posição ímpar no mundo artístico".

Indaga, então:

> "de quem será a titularidade, se a máquina incontrolada, por si, vier a criar obras estéticas originais?"

E responde:

> "Afasta-se, desde logo, a possibilidade de atribuição de direitos à máquina, que, embora disponha de componentes inteligentes, é, no mundo jurídico, *res* (coisa) insuscetível, pois, de ter personalidade – e, conseqüentemente, de ser ator no mundo do Direito – a qual se atribui apenas às pessoas físicas e jurídicas".

Para Carlos Alberto Bittar resta, enfim, o

> "criador do programa, este sim, a única pessoa apta a entrar no âmbito da titularidade de direitos sobre a criação que o engenhoso invento venha trazer a lume".

No caso da fotografia obtida pelo trabalho da máquina, não há direito autoral do fotógrafo. Ele não existe, não atua.

O autor do programa, por sua vez, tem os direitos que a lei de *Software* (lei 9.609) lhe confere. É o mesmo regime estabelecido na lei de direitos autorais, com as exceções que a lei especifica.

O uso de um programa de computador é objeto de licença, segundo estabelece o artigo 9º e seguintes da lei 9.609.

O licenciado utiliza o programa para obter determinados resultados ou produtos. Mas estes não têm qualquer ligação com o autor do programa, a não ser sob o aspecto funcional e técnico. Estabelecida a licença, o usuário, com o programa licenciado, vai operar sua máquina visando os resultados que espera e deve obter do programa.

No caso da fotografia, por exemplo, feito o programa, com o objetivo de fotografar infratores do trânsito, as fotos obtidas nada têm a ver, legalmente, com o autor do *software*. Este, por contrato, concedeu uma licença de uso da obra de sua autoria. Mas não tem direitos sobre o produto resultante da utilização do programa que criou. Esse produto – a fotografia – pertence ao dono da máquina ou sistema operador, e isso já entra na esfera da propriedade privada.

Eis um caso típico em que a lei de direitos autorais perde seu objeto, pois o autor do trabalho protegido simplesmente não existe. Foi substituído pela máquina, *res,* coisa, que produz algo para seu dono, que, por sua vez, nada produziu autoralmente. Ele pode ser, inclusive, titular dos direitos e, sem dúvida, proprietário do corpo mecânico. Mas não é, e nem será, mesmo sendo pessoa física, autor da fotografia.

É o caso concreto de uma obra sem autor.

A Tradução

O item XI do artigo 7º, tratando das obras protegidas, inclui "as adaptações, traduções e outras transformações de obras originais, apresentadas como criação intelectual nova".

A preocupação do legislador é, obviamente, garantir os direitos de toda manifestação criativa. No caso desse item, a tradução é que oferece maior interesse pela sua importância.

A arte apresenta duas faces: ela é local na sua expressão, mas é universal no seu destino. Surge dentro de fronteiras determinadas como manifestação de um grupo, mas não fica confinada às fronteiras políticas traçadas pelo homem.

Quando a manifestação é oral ou escrita, a arte requer um código que permita sua decodificação, por outro grupo, além daquele em que se originou. É o que chamamos de tradução, que a Convenção de Berna reconhece e as legislações locais consagram, como é o caso do nosso país.

Com efeito, o artigo 8º da Convenção de Berna, em sua última revisão, estabelece o seguinte:

> "Os autores de obras literárias e artísticas protegidas pelo presente Convênio gozarão do direito exclusivo de fazer ou autorizar a tradução de suas obras enquanto durem seus direitos sobre a obra original."

A lei 9.610, ao consagrar a tradução como obra protegida, assegura ao autor o direito de autorizar a tradução, conforme estabelece o item IV do artigo 29:

> "depende de autorização prévia e expressa do autor a utilização da obra, por quaisquer modalidades, tais como:
> (...)
>
> IV – a tradução para qualquer idioma";

Temos, pois, três pontos básicos:

1) a tradução é obra protegida;
2) o tradutor tem sobre seu trabalho direitos autorais;
3) a tradução depende de autorização do autor.

A tradução não é um ato mecânico. Como disse Carlos Alberto Bittar, é algo que exige "expressões novas", conseqüentemente, uma atividade criativa.

O tradutor de uma obra literária não faz apenas a transposição do idioma de um texto para outro idioma. Deve conservar o espírito da obra e manter o clima que permita reproduzir emoções. Não é fácil.

Diz Delia Lipszyc:

> "As traduções devem respeitar fielmente o conteúdo e o estilo da obra original. Isso obriga o tradutor a superar problemas idiomáticos que, em certas ocasiões, são de tal importância que podem exigir uma verdadeira recriação lingüística da obra, o que ocorre com freqüência na poesia". (*Op. cit.*, p. 113)

O prof. José de Oliveira Ascensão conceitua, de maneira precisa, a tradução, afirmando:

> "A tradução incorpora a essência criadora da obra primígena, mas altera-lhe a forma externa."

Para esse consagrado mestre,

> "o direito de tradução distingue-se do direito do tradutor. O direito de tradução pertence ao autor da obra originária. O direito do tradutor surge em benefício deste com a tradução, e representa um direito de autor sobre a obra derivada."

Há pois, o direito do autor sobre a tradução de sua obra: cabe a ele, exclusivamente a ele, autorizá-la ou não. Mas, uma vez autorizada a tradução, tem o tradutor direito autoral sobre o trabalho que realizou.

Em face disso, sendo a tradução obra protegida, a utilização do material traduzido gera uma relação contratual específica como qualquer outra obra criativa. Não é possível sua utilização como se fosse algo secundário e marginal.

Fábio Maria de Mattia, em sua obra *Estudos de Direito do Autor*, trata da tradução, demonstrando sua importância e espcificidade, quando diz:

> "O tradutor apresenta, pois, a obra original sob uma forma bem diferente, não obstante não se concluiria ser a tradução uma obra nova distinta do original. A despeito de se atribuir ao tradutor uma parte de trabalho pessoal que não deve, contudo, consistir senão no esforço de traduzir o clima da obra original, não se pode contestar que ele tome emprestado do autor primitivo o essencial de sua

> obra, quer dizer, o fundo e sobretudo as idéias, os desenvolvimentos e o próprio plano, sem lhe fazer supor outra modificação, senão, da linguagem". (p. 13)

Trata-se de uma obra dentro de outra obra, que exige tratamento especial e não pode ser explorada em prejuízo do tradutor.

Fábio Maria De Mattia cita, a esse propósito, J. M. Carvalho Santos que, em sua obra *Código Civil Brasileiro Interpretado*, diz o seguinte:

> "Feita a tradução e esgotada a edição, não pode o editor, também, fazer nova tiragem sem autorização do tradutor, embora já tenha obtido indiretamente autorização do autor. Pouco importa, ainda que haja pago ao tradutor o seu serviço, porque, aí, já não está em jogo o direito do autor, mas o do tradutor autônomo, que é tão digno de proteção como aquele (...)"

O editor não pode, pois, dispor da tradução a seu bel-prazer.

Os direitos do tradutor inserem-se no campo do direito autoral, regendo-se, portanto, pela legislação pertinente.

É necessário, para o aproveitamento comercial da obra traduzida, um contrato de edição ou cessão dos direitos de tradução. Não pode ser de outra forma.

Comumente o que se tem é um simples recibo de prestação de serviços, atestando que o tradutor foi pago pelo seu trabalho, "cedendo" seus direitos de tradução.

Não é suficiente. Recibo não é contrato.

É natural que o editor prefira a cessão dos direitos de tradução, evitando, com isso, novas avenças a cada edição da obra. Mas isso, evidentemente, exige a observação dos requisitos legais.

Já Carvalho dos Santos antevia o problema, certamente baseado em fatos por ele observados, do aproveitamento múltiplo de uma tradução. O fato de pagar ao tradutor determinada quantia por seu trabalho, sem o contrato específico, não significa uma transferência de direitos. Aliás, em todas as legislações nota-se a preocupação de não permitir que o ato de cessão seja abusivo, impondo determinados limites protetivos.

A lei 9.610, em seu artigo 49 e seguintes, trata da "transferência dos direitos de autor", estabelecendo as bases em que ela pode ser feita. Inclui-se aí a cessão dos direitos do tradutor.

Não basta, para tanto, um simples recibo. Isso pode, obviamente, consubstanciar uma intenção e, até mesmo, boa-fé na negociação. Mas não é suficiente. Os contratos, em se tratando de direito autoral, são específicos, e os negócios jurídicos, nesses casos, interpretam-se restritivamente. Para uma cessão de direitos, o artigo 49 estabelece condições bastante claras:

> "Os direitos de autor poderão ser total ou parcialmente transferidos a terceiros, por ele ou por seus sucessores, a título universal ou singular, pessoalmente ou por meio de representantes com poderes especiais, por meio de licenciamento, concessão, cessão ou por outros meios admitidos em Direito, obedecidas as seguintes limitações:
>
> I – a transmissão total compreende todos os direitos de autor, salvo os de natureza moral e os expressamente excluídos por lei;
> II – somente se admitirá transmissão total e definitiva dos direitos mediante estipulação contratual escrita;
> III – na hipótese de não haver estipulação contratual escrita, o prazo máximo será de cinco anos;
> IV – a cessão será válida unicamente para o país em que se firmou o contrato, salvo estipulação em contrário;
> V – a cessão só se operará para modalidades de utilização já existentes à data do contrato;
> VI – não havendo especificações quanto à modalidade de utilização, o contrato será interpretado restritivamente, entendendo-se como limitada apenas a uma que seja aquela indispensável ao cumprimento da finalidade do contrato".

Sendo a tradução obra protegida, sua cessão deve observar o que determina a lei, tendo-se em vista sua abrangência e seus limites. Tempo, espaço, meios e veículos de utilização, preço e formas de pagamento, devem constar da avença por imperativo legal. É, em suma, uma cessão de obra protegida, já que o trabalho do tradutor não é algo mecânico, ou um simples serviço autônomo que se conclui com a remuneração.

A tradução é obra de criação que a lei autoral protege, e como tal deve ser considerada.

OBRAS NÃO PROTEGIDAS – ATOS OFICIAIS

A legislação sobre direitos autorais protege a obra de criação, o que pressupõe determinados limites.

Nem tudo o que é produto da imaginação humana tem proteção como obra de arte criativa.

O próprio conceito de propriedade intelectual, produto do engenho humano, dividiu-se em dois ramos distintos: o direito autoral e a propriedade industrial.

Ao reconhecer o direito do autor sobre sua obra, a legislação estabeleceu determinados limites, tendo em vista o interesse social.

Aliás, a própria Constituição, ao proclamar e reconhecer a propriedade privada, pedra de toque da sociedade capitalista, o faz com ressalvas, haja vista o que dizem os itens XXII e XXIII do artigo 5º:

> "XXII – é garantido o direito de propriedade;
> XXIII – a propriedade atenderá a sua função social".

Na medida em que se aceita – e, mais do que isto, se proclama – o direito autoral como uma propriedade, é claro que se aceite, pela mesma razão, que ela tenha seus limites no interesse social.

Além de todo um capítulo sobre as limitações aos direitos do autor, a lei 9.610 estabelece, em seu artigo 8º, taxativamente, aquilo que não é "objeto de proteção como direitos autorais".

Entre os itens elencados nesse artigo destaca-se, por sua amplitude e abrangência, o de número IV, que se refere aos "textos de tratados ou convenções, leis, decretos, regulamentos, decisões judiciais e demais atos oficiais". A lei autoral não os protege.

Acontece que tais manifestações muitas vezes dependem, para sua eficácia, de publicidade. É necessário que as decisões do poder público, em suas diferentes esferas, sejam levadas ao conhecimento daqueles que devem observá-las ou cumpri-las, inclusive os próprios agentes do Estado.

Nesse sentido, não há qualquer dúvida quando a lei autoral se refere a tratados ou convenções, leis, decretos, regulamentos e decisões judiciais.

No conceito de leis, decretos e regulamentos, inclui-se, obviamente, os atos administrativos em geral.

Hely Lopes Meirelles assim define o ato administrativo:

> "Ato administrativo é toda a manifestação unilateral de vontade da Administração Pública que, agindo nessa qualidade, tenha por fim imediato adquirir, resguardar, transferir, modificar, extinguir e declarar direitos, ou impor obrigações aos administrados ou a si própria". (*Direito Administrativo Brasileiro*, p. 133)

A conceituação é lapidar. Falando sobre as espécies de atos administrativos, Hely Lopes Meirelles faz uma minuciosa descrição: decretos, regulamentos, instruções normativas, regimentos, deliberações, circulares, avisos, portarias, ordens de serviço, despachos e até simples ofícios e vistos.

Não são, evidentemente, atos criativos. E mesmo que fossem, a lei não os protege, pois a sua finalidade é instruir procedimentos, cuja publicidade é absolutamente necessária e, em certos casos, imperativo legal.

A esse respeito é conhecido o episódio que revelou Graciliano Ramos como escritor: um relatório que ele, como prefeito de uma cidade do Nordeste, enviou ao governo do seu Estado. Tratava-se de uma pequena obra-prima de literatura, que chamou a atenção do secretário de educação.

Eis como o próprio Graciliano Ramos conta o episódio:

> "Em fins de 1915, embrenhei-me de novo em Palmeira dos Índios. Fiz-me negociante, casei-me, ganhei algum dinheiro, que depois perdi, enviuvei, tornei a casar, enchi-me de filhos, fui eleito Prefeito e enviei dois relatórios ao Governador. Lendo um desses relatórios, Schmidt imaginou que eu tinha algum romance inédito e quis lançá-lo".

Episódio importante na história da nossa literatura, mesmo assim o notável relatório não tinha, como tal, qualquer proteção, pois era procedimento oficial, embora vazado em forma literária impecável que revelou ao Brasil um de seus maiores escritores.

O ato oficial, destinado aos negócios públicos, mesmo sendo peça esteticamente bem elaborada, não tem a proteção que a lei confere aos autores no exercício de um trabalho criativo de caráter pessoal.

Mas aquilo que a lei chama de "atos oficiais" serão apenas os atos do poder público?

Ora, a vida moderna é extremamente complexa. Existe um número incontável de instituições que são, no fundo, verdadeiros apêndices do aparelho estatal e cujos atos interessam a uma parcela considerável da comunidade. É usual, inclusive, qualificar seus pronunciamentos de "atos oficiais". Uma portaria de universidade privada, regulando exames vestibulares, por exemplo, é pronunciamento que interessa a milhares e milhares de pessoas. Limitar sua divulgação seria um contra-senso. Trata-se de um ato oficial daquela instituição e, inclusive, é anunciado como tal. A imprensa está cheia de pronunciamentos dessa natureza, divulgados, quase sempre, como "nota oficial"...

O ilustre autoralista Bruno Jorge Hammes aborda esse assunto com muita propriedade e clareza, citando, inicialmente, Katzenberger:

> "Obras oficiais são obras procedentes de um ofício ou atribuíveis a um ofício. O que se entende por ofício é o conceito de ofício público amplo e objetivo. Assim, abrange toda a autoridade ou instituição investida de competência administrativa e soberana. É irrelevante se o titular da administração pública age em caráter de autoridade, simplesmente oficial ou fiscal. A competência administrativa e soberana pode também estar transferidas a uma instituição que assim age como ofício, do qual se podem originar obras oficiais". (Katzenberger, em *Schricker*, p. 179)

E mais adiante o ilustre mestre, citando outros autores, faz alusão ao interesse da coletividade em relação ao atos praticados por determinadas instituições:

> "Ulmer acentua a característica do interesse oficial no conhecimento geral. É necessário que haja um interesse oficial em que a informação seja fornecida livremente para qualquer pessoa, em vista do gênero e importância da mesma. Distingue entre informações oficiais publicadas no interesse da assistência judiciária, da administração soberana ou da proteção da população, do meio ambiente ou da juventude e publicações que possibilitem o conhecimento".

E aqui o prof. Bruno Jorge Hammes, complementando seu pensamento, apresenta exemplos que tornam o problema meridianamente claro, especialmente no que diz respeito ao que ele chama de possibilidade do conhecimento.

Eis sua palavra:

> "Exemplos do primeiro grupo são: material legislativo que informa sobre interpretação de normas jurídicas, planos oficiais de construção, volantes sobre questões de direitos, seguros, impostos, informações sobre situações de perigo, bem como informações sobre saúde. O segundo grupo comporta mapas, publicações estatísticas oficiais, edições sobre ortografia, relatórios de pesquisa publicados por universidades, institutos e academias oficiais, catálogos de bibliotecas, museus, etc". (*O Direito da Propriedade Intelectual*, pp. 84-85)

No caso, é irrelevante se a divulgação é comercial ou não. O fato básico é que sua divulgação é livre. E até é bom lembrar que o próprio "Diário Oficial" é vendido...

Uma decisão judicial é pública e publicada. Sua divulgação, portanto, é livre. O juiz atuou para resolver um conflito determinado e restabelecer o equilíbrio social eventualmente rompido. A decisão, certamente, terá um alcance maior do que os limites das pessoas envolvidas. É necessário publicá-la, no interesse das partes. É útil proclamá-la, no interesse da sociedade.

Já a petição inicial do advogado ou, ainda, o parecer de um jurista, integrando o processo e mesmo servindo de base para a decisão do juiz, constituem obras de interesse restrito. Não se destinam ao público em geral e não entram, portanto, no elenco das informações necessárias à coletividade. São, portanto, obras protegidas, desde que manifestem espírito criativo e original.

A lei de direitos autorais não é uma camisa-de-força.

Ela protege o autor, mas não limita a informação e muito menos a divulgação de atos oficiais ou oficiosos, privados ou públicos, que são, inclusive, necessários e às vezes imprescindíveis para o próprio andamento da complexa vida social de nossos dias.

Para que uma lei cumpra suas funções e finalidades, ela própria tem limites.

O PROBLEMA DA MARCA © *COPYRIGHT*

Muitos editores, e mesmo autores, utilizam a marca © de copyright, entendendo que, com isso, garantem seus diretos sobre a obra.

Não é assim.

Os direitos do autor sobre sua obra não dependem de qualquer formalidade. Não há submissão a normas, registros ou imposições do Estado.

Trata-se de uma conquista obtida na luta contra os censores e contra o controle que os poderosos tentam exercer sobre as manifestações do espírito criador.

É por isso que, desde a Convenção de Berna, firmou-se o conceito de que os direitos do autor não dependem de qualquer formalidade. É o que diz o item II do artigo 5º dessa Convenção:

> "O gozo e o exercício destes direitos não estarão subordinados a nenhuma formalidade".

O artigo 12 da lei 9.610 edita:

> "Para se identificar como autor, poderá o criador da obra literária, artística ou científica usar seu nome civil, completo ou abreviado até por suas iniciais, de pseudônimo ou qualquer outro sinal convencional".

E o artigo 13 completa:

> "Considera-se autor da obra intelectual, não havendo prova em contrário, aquele que, por uma das modalidades de identificação referidas no artigo anterior, tiver, em conformidade com o uso, indicada, ou anunciada essa qualidade na sua utilização".

A lei tem por objetivo proteger o autor, tanto assim que ela afirma, no artigo 22, de forma categórica:

> "Pertencem ao autor os direitos morais e patrimoniais sobre a obra que criou".

O autor, portanto, pode identificar-se de qualquer maneira. Identificado o autor, os direitos patrimoniais e morais a ele pertencem, sem nenhuma formalidade, conforme edita o artigo 18:

> "A proteção aos direitos de que trata esta lei independe de registro".

Por que, então, o sinal © de *copyright* que alguns editores brasileiros insistem em utilizar?

Na verdade isso não tem a menor importância. É algo que não se inclui em nosso sistema de direito autoral.

Essa palavra, e o símbolo que a acompanha, surgiu na Inglaterra, estendendo-se depois para os países da *Commonwealth* e Estados Unidos, significando um direito de cópia ou edição conferido ao autor. Já os países europeus chamados continentais, cujo ordenamento jurídico tem por base histórica a herança romano-germânica, construíram o que se convencionou chamar de "direito autoral". Esse sistema, a partir da Convenção de Berna, deu origem às legislações que hoje conhecemos, especialmente no mundo latino.

As duas concepções não são semelhantes. Delia Lipszyc, que estudou o assunto com profundidade, mostra que os dois conceitos hoje se aproximam. Mas, na realidade, como diz essa autora,

> "em comparação com o direito de autor latino, o *copyright* tem alcance mais limitado quanto aos direitos subjetivos".

Efetivamente, os americanos relutam em reconhecer os direitos morais dos autores, embora seus tribunais, ultimamente, tenham se pronunciado favoravelmente a questões relacionadas com paternidade e integridade das obras. A própria lei brasileira de *Software*, onde é patente a influência de acordos internacionais já firmados pelo Brasil nessa área, não inclui os direitos morais, a não ser em parte. Com efeito, o parágrafo primeiro do artigo 2º da lei 9.609 – conhecida como lei do *Software* – diz o seguinte:

> "Não se aplicam ao programa de computador as disposições relativas aos direitos morais, ressalvado, a qualquer tempo, o direito do autor de reivindicar a paternidade do programa de computador e o direito do autor de opor-se a alterações não autorizadas, quando estas impliquem de-

> formação, mutilação ou outra modificação do programa de computador, que prejudiquem a sua honra ou a sua reputação".

O pensamento americano centra-se na proteção da propriedade material, excluindo os direitos morais que são consagrados pelas legislações latinas.

Dessa forma, a indicação da letra ©, com ou sem a palavra *copyright*, não acrescenta nada aos direitos do autor ou do editor no Brasil.

Essa é a realidade, especialmente nos países que seguem a Convenção de Berna, como é o nosso caso.

Isabel Espín Alba, comentando a lei espanhola de direitos autorais, diz o seguinte a esse respeito:

> "Trata-se, cumpre destacar, de um meio de proteção de livre escolha, pois a utilização desse símbolo não é obrigatória, não sendo, portanto, uma presunção *jure et de jure* da titularidade". (*Op. cit.*, p. 116)

A Convenção Universal sobre Direito de Autor, assinada em Paris a 24 de julho de 1974 subscrita pelo Brasil e que entrou em vigor em dezembro de 1975, faz referência expressa ao *copyright*, em seu artigo III, para indicar que ele deve ser interpretado, em relação ao autor estrangeiro, como obra protegida e como tal reconhecida. Diz esse artigo:

> "Qualquer dos Estados Contratantes que, nos termos de sua legislação interna, exija, a título de condição para conceder a proteção ao direito de autor, o cumprimento de certas formalidades, tais como depósito, o registro, a menção às certidões notariais, o pagamento de taxas, o fabrico ou a publicação no território nacional, deve considerar tais exigências como satisfeitas em relação a qualquer outra obra protegida nos termos da presente convenção e publicada pela primeira vez fora do território do referido Estado por um autor não nacional se, desde a primeira publicação dessa obra, todos os exemplares da obra publicada com autorização do autor ou de qualquer outro titular do direito de autor que contiverem o símbolo ©

> acompanhado do nome do titular do direito de autor e da indicação do ano da primeira publicação";

O texto, desnecessariamente longo, declara simplesmente que um país deve reconhecer o direito do autor estrangeiro que contiver o símbolo ©. Se, por qualquer razão, tal obra não satisfizer as exigências do Brasil, mas contiver o símbolo do *copyright* ©, os direitos desse autor devem ser respeitados no território nacional.

No Brasil, a lei interna não faz qualquer referência a esse símbolo para indicar uma reserva de direitos. Sua utilização, quando muito, serve para satisfazer eventuais exigências de editores e autores estrangeiros, especialmente americanos, para os quais, evidentemente, trata-se de algo importante em face de sua legislação interna. Em virtude de uma convenção internacional que o Brasil assinou, devemos reconhecer a propriedade intelectual de um autor estrangeiro quando indicada pelo símbolo do *copyright*. Nada mais do que isso.

Mas esse símbolo, entre nós, em relação às obras aqui publicadas, não tem qualquer valor legal. Além do mais, em face da lei 9.610, nenhuma formalidade se requer para o reconhecimento dos direitos do autor. Basta que o mesmo, livremente, se identifique como tal, o que é válido para nacionais e estrangeiros aqui radicados, conforme reza o artigo 18.

É desnecessária, pois, a utilização do símbolo © que se tornou tão conhecido e mesmo popular entre alguns autores e editores brasileiros.

A MULTIMÍDIA

Quando se fala em obras com a participação de muitos autores, é natural que se pense em multimídia e interatividade.

É algo novo e fascinante.

A lei 9.610 não tratou, especificamente, da multimídia, que, no entanto, está presente no mundo das comunicações. É, sem dúvida, uma realidade.

Ao definir o que são obras intelectuais protegidas, no artigo 7º, a lei refere-se a

> "criações do espírito, expressas por qualquer meio ou fixadas em qualquer suporte, tangível ou intangível, conhecido ou que se invente no futuro".

A abrangência não tem limites, porque o futuro é infinito.

A multimídia realiza o milagre bíblico da multiplicação ao inverso: não multiplica, mas condensa e, ao mesmo tempo, permite a reformulação da própria obra num processo criativo que só uma tecnologia altamente avançada permite, numa interatividade entre homem, obra e máquina – e, inclusive, entre máquina e máquina.

A multimídia tem dois aspectos. Um deles é relativamente simples; o outro, mais complexo, é na verdade uma transformação criativa de material preexistente.

No primeiro caso temos a reunião, num só elemento, de várias expressões criativas, que a lei contempla com muita clareza. Segundo o artigo 29, item VII da lei 9.610, depende de autorização prévia e expressa do autor,

> "a distribuição para oferta de obras ou produções mediante cabo, fibra ótica, satélite, ondas ou qualquer outro sistema que permita ao usuário realizar a seleção da obra ou produção para percebê-la em um tempo e lugar previamente determinados por quem formula a demanda, e nos casos em que o acesso às obras ou produção se faça por qualquer sistema que importe em pagamento pelo usuário".

O computador cabe inteiramente nessa descrição.

Colocada em CD a obra estará à venda; colocada na internet, o acesso dependerá de pagamento ao provedor, conforme o preço e sistema que se ajustar: número de acessos ou tempo de duração. A obra utilizada no que se convencionou chamar de multimídia, gera direitos que devem ser pagos ao autor. Quanto a isso não há qualquer dúvida.

A lei 9.610 é clara, pois nesse mesmo artigo, no item X, estipula que depende de autorização do autor a inclusão de sua obra em

> "quaisquer outras modalidades de utilização existentes ou que venham a ser inventadas."

A revolução tecnológica trouxe para o mundo da criação possibilidades incríveis. Sérgio Bairon, em sua obra *Multimídia*, relata o seguinte:

"(...) o escritor e teórico da comunicação, Umberto Eco, lançou em abril de 1995 o primeiro volume em CD-ROM de sua *Enciclopédia*. A obra completa deverá contar com cinco *CDs* e versará sobre a história européia até a Segunda Guerra Mundial; este primeiro volume foi sobre o século XVII. Eco, que se associou a Olivetti, conseguiu reunir uma equipe de cinqüenta pessoas, tendo coordenado a estrutura conceitual do produto. Como sempre, em produções multimídia o maior custo fica por conta dos direitos autorais das imagens; algumas cenas de filmes norte-americanos custaram por volta de 3 a 4 milhões de dólares por segundo. A tela de abertura mostra uma enorme biblioteca dividida em várias salas: política, arte, religião, música, filosofia, ciência, literatura, entre outras". (p. 36)

Trata-se de algo fantástico, pois reúne praticamente uma biblioteca inteira num espaço que se pode levar nas próprias mãos. Mas nem por isso o pagamento de direitos autorais foi negligenciado. Ele é devido em qualquer circunstância.

A conquista tecnológica e sua aplicação não exclui, obviamente, os direitos do autor. Na verdade, aqui estamos diante de duas situações: os direitos de quem elabora a obra multifacetada – no exemplo citado, o sr. Umberto Eco – e os direitos dos autores que dela participam em seus diferentes ramos, o que se inclui, perfeitamente, tanto no conceito de obra coletiva, que é aquela "criada por iniciativa, organização e responsabilidade de uma pessoa física ou jurídica, que a publica sob seu nome ou marca e que é constituída pela participação de diferentes autores, cujas contribuições se fundem numa criação autônoma", conforme estabelece a letra **h** do item VIII do artigo 5º da lei 9.610.

A Constituição Federal, em seu artigo 5º, item XXVIII, declara:

"são assegurados, nos termos da lei: a) a proteção às participações individuais em obras coletivas (...)"

Não há dúvida, pois, sobre a proteção legal para as obras que venham a integrar outra obra, seja qual for o seu suporte e os meios utilizados para sua comunicação ao público. A Convenção de Berna estabelece em seu artigo segundo (item 1) que

> "os termos obras literárias e artísticas compreendem todas as produções no campo literário, científico e artístico, qualquer que seja o modo ou forma de expressão",

exemplificando, a seguir, vários modos de manifestação criativa, numa relação aberta que comporta tudo o que existe ou venha a existir nesse campo. Finalmente, em seu artigo 9º, a Convenção de Berna declara, taxativamente, que

> "os autores de obras literárias e artísticas protegidas pela presente Convenção gozarão do direito exclusivo de autorizar a reprodução de suas obras por qualquer procedimento e sob qualquer forma".

Embora seja um conceito novo, e não mencionado ainda nas legislações autorais, não paira dúvida sobre os direitos do autor quando sua obra for incluída em produtos de multimídia.

Na verdade, o direito autoral está ligado à pessoa do criador da obra e o acompanha mesmo depois de sua morte, na figura legal de seus herdeiros e sucessores. Trata-se de um direito peculiar que nasce com o ato criativo e é, no dizer de Le Chapelier, "a mais sagrada, a mais pessoal de todas as propriedades".

Mas a multimídia não é apenas uma junção de várias obras para constituir obra nova, o que, aliás, não é novidade, pois se verifica de modo notório nas obras audiovisuais, onde escritores, cantores, musicistas, intérpretes, fotógrafos, bailarinos e, enfim, uma plêiade de artistas reúne seus talentos para criar um novo produto cultural.

A multimídia pode ser – este é o seu verdadeiro sentido – interativa. Aqui entramos em outro reino, no qual os instrumentos modernos de fixação da obra e sua comunicação abrem novas e insólitas possibilidades para o exercício criador dos artistas.

A multimídia interativa nos possibilita, através de máquinas sofisticadas, participar de um processo criativo múltiplo. Não é, apenas, a reunião de várias formas de expressão artística, mas a conjunção entre homem, máquina e obras preexistentes para produzir algo diferente.

A interatividade é a criação a partir *do que é* para se transformar no *que não é*, gerando um produto novo através de vários outros produtos, com a participação ativa do manipulador e da máquina.

Elucidativa é a informação de Sérgio Bairon quando diz, tratando da obra de multimídia intitulada *Leonardo, o Inventor*:

> "... o grande mérito dessa obra está no humor das colocações desenvolvidas. Aqui temos do mesmo lado, a linguagem da pesquisa acadêmica mesclada a passagens cômicas de Monalisa se afogando, desviando de um tiro, cantando ópera ou se esquivando de uma das máquinas voadoras de Leonardo". (*Op. cit.*, p. 35)

Nesse caso verificou-se a interatividade, reunindo homem e máquina, alterando formas preexistentes para criar uma obra nova, eivada de comicidade e cujo valor cultural, por isso mesmo, é discutível. Nem sempre a vulgarização de uma grande obra é o caminho para torná-la acessível...

E todavia a obra que resulta dessa interatividade, não está imune às leis que regem os direitos de autor.

O direito autoral compõe-se de duas partes, sem dúvida, indivisíveis: patrimonial e moral.

Enquanto há limitações para o direito patrimonial, o direito moral é inalienável, irrenunciável e imprescritível. Perdura enquanto perdurar a obra. Entre os direitos morais do autor destaca-se

> "o de assegurar a integridade da obra, opondo-se a quaisquer modificações ou à prática de atos que, de qualquer forma, possam prejudicá-lo ou atingi-lo, como autor, em sua reputação ou honra". (Art. 24, item IV)

Portanto, o autor, seus sucessores ou o Estado, se for o caso, podem perfeitamente impedir a divulgação de um trabalho que, através da interatividade, deturpe a obra, deformando-a e comprometendo-lhe sua unidade temática ou seu conceito estético de beleza, pois a arte não é nada mais do que a própria realidade vista pelo temperamento criativo do artista.

Nem mesmo as obras caídas em domínio público podem ser objeto de transformações que atentem contra o direito moral do autor. Com efeito, a lei declara que

> "compete ao Estado a defesa da integridade e autoria da obra caída em domínio público". (Art. 24, §2º)

O Estado, pois, é o guardião da obra caída em domínio público, impondo-se a ação competente para resguardar o patrimônio moral que a lei, pelo decurso do tempo, entrega à coletividade e, portanto, à proteção do Estado.

Há uma diferença grande entre interatividade e obra derivada.

A lei define como obra derivada

> "a que, constituindo criação intelectual nova, resulta de transformação de obra originária". (Letra g, item VIII, art. 5º)

Mas isso depende de autorização do autor.

O artigo 28 da lei de direitos autorais estabelece, com muita clareza e precisão, os direitos patrimoniais do autor:

> "Cabe ao autor o direito exclusivo de utilizar, fruir e dispor da obra literária, artística ou científica".

E no artigo seguinte o legislador estabelece que

> "depende de autorização prévia e expressa do autor a utilização da obra, por quaisquer modalidades".

No item I desse artigo 29, entre tais modalidades inclui-se a "reprodução parcial ou integral" e, a seguir, no item III, "a adaptação, o arranjo musical e quaisquer outras transformações".

Não há dúvida, portanto: a utilização da obra, seja de que forma for, depende de autorização "prévia e expressa do autor", cujos privilégios legais não se alteram nem desaparecem em face dos meios utilizados para sua reprodução ou adaptação.

Aqui vale repetir que as facilidades técnicas hoje massificadas não constituem carta branca para a pirataria. É necessário pôr fim à idéia absurda de que o trabalho intelectual não tenha valor material, buscando-se brechas e meios de contornar a lei para aproveitamento próprio e ilícito de bem alheio.

A interatividade possibilita a elaboração de novos tipos de criação e o surgimento de artistas com atividade criadora específica, o que é muito bom para o fomento das artes e sua maior difusão. A tecnologia, na medida em que possibilite o acesso de milhões e milhões de pessoas à informação e ao conhecimento, aos prazeres da arte e da cultura, deve ser estimulada e saudada como um elemento democratizador necessário ao avanço da própria humanidade e à formação de novos criadores de bens culturais.

O progresso deve ser utilizado para garantir direitos. Não para violentá-los.

A Defesa da Obra Caída em Domínio Público

Uma das limitações mais importantes do direito do autor é o tempo.

Morto o autor, seus direitos passam aos herdeiros, nos termos da vocação hereditária estabelecida pelo Código Civil, conforme determina a lei 9.610. Mas, setenta anos depois da morte do autor, a obra cai em "domínio público". O mesmo ocorre, por força do artigo 45, com as obras de "autores falecidos que não tenham deixado sucessores" e com "as de autor desconhecido, ressalvadas a proteção legal aos conhecimentos étnicos e tradicionais", aí se incluindo o folclore.

Alguns aspectos dos direitos morais persistem, mesmo depois da morte do autor. Se a obra, pelo decurso do tempo, cai em "domínio público", esses direitos persistem também, pois eles são perpétuos. É que a obra de arte e engenho retrata algo mais do que a materialidade do pensamento colocado em uma base determinada. É a própria alma do autor traduzida em sua obra. É a realidade vista por um temperamento. Os direitos morais constituem uma forma sensível e nobre de proteger algo que vai além – muito além – da materialidade da criação artística.

Vejamos, a esse respeito, o que diz o artigo 24 da lei autoral:

> "São direitos morais do autor:
>
> I – o de reivindicar, a qualquer tempo, a autoria da obra;
>
> II – o de ter seu nome, pseudônimo ou sinal convencional indicado ou anunciado, como sendo o do autor, na utilização de sua obra;
>
> III – o de conservar a obra inédita;

IV – o de assegurar a integridade da obra, opondo-se a quaisquer modificações ou à prática de atos que, de qualquer forma, possam prejudicá-lo ou atingi-lo, como autor, em sua reputação ou honra;
V – o de modificar a obra, antes ou depois de utilizada;
VI – o de retirar de circulação a obra ou de suspender qualquer forma de utilização já autorizada, quando a circulação ou utilização implicar em afronta à sua reputação e imagem;
VII – o de ter acesso a exemplar único e raro da obra quando se encontre legitimamente em poder de outrem, para fim de, por meio de processo fotográfico ou assemelhado, ou audiovisual, preservar sua memória, de forma que cause o menor inconveniente possível a seu detentor, que, em todo caso, será indenizado de qualquer dano ou prejuízo que lhe seja causado.

§1º – Por morte do autor, transmitem-se a seus sucessores os direitos a que se referem os incisos I a IV.
§2º – Compete ao Estado a defesa da integridade e autoria da obra caída em domínio público;
§3º – Nos casos dos incisos V e VI, ressalvam-se as prévias indenizações a terceiros, quando couberem."

Nesse artigo, no que tange à defesa dos direitos morais, há três aspectos:

1º – os direitos que são exercidos diretamente pelo autor. Só ele, por exemplo, pode modificar sua obra ou retirá-la de circulação. São atos de exercício pessoal;
2º – os direitos que podem ser exercidos pelos herdeiros, conforme estipula o parágrafo 1º desse artigo: aqueles elencados nos itens de I a IV;
3º – finalmente, a defesa da obra em "domínio público", estipulada no parágrafo 2º desse artigo, que compete ao Estado.

Com efeito, a obra em domínio público não é *res nullius,* coisa sem dono. É uma propriedade que deve ser encarada com a maior seriedade. Ela é *res omnium,* ou seja, pertence a todos. Beneficia o indivíduo. Mas está acima dele. Pertence à sociedade – e a sociedade humana é um ente sem forma cuja duração é ilimitada.

O conceito de "domínio público" é amplo. Hely Lopes Meirelles preceitua:

> "A expressão *domínio público* ora significa o poder que o Estado exerce sobre os bens próprios e alheios, ora designa a condição desses bens. A mesma expressão pode ainda ser tomada como o conjunto de bens destinados ao uso público (direto ou indireto – geral ou especial – *uti singuli* ou *uti universi*) como pode designar o regime a que se subordina esse complexo de coisas afetadas de interesse público". (*Direito Administrativo Brasileiro*, p. 433)

No caso do direito autoral, não se trata de um domínio que o Estado exerça sobre a obra, mas uma disponibilidade desta para uso e desfrute livre da sociedade. Está entre "as coisas afetadas de interesse público".

A identidade cultural de um povo tem sua expressão maior na cultura que se plasma nas obras de arte e criação. Não pode, por isso mesmo, ser deformada nem prostituída. Em vida, o autor – e depois dele seus herdeiros – pode defendê-la contra a ação predatória de aproveitadores. Mas, quando a obra cai em "domínio público" e fica à disposição da sociedade, cabe ao Estado defendê-la, para preservar sua integridade.

Os direitos morais do autor vivem enquanto viver a obra. Antônio Chaves resume o problema de forma objetiva e clara, afirmando:

> "Reveste-se de quatro características fundamentais: é um direito pessoal; é perpétuo; é um direito inalienável; é um direito imprescritível."

Entre os bens culturais da comunidade estão as obras em "domínio público", cuja integridade, como parte dos direitos morais do autor, deve ser defendida para que o patrimônio cultural não sofra qualquer ação deletéria. É preciso valorizar essa obra, pois ela representa a memória cultural do país. Não pode ser adulterada.

A defesa desse patrimônio interessa a todos, pois é um bem coletivo, protegido, não apenas pela lei de direitos autorais, mas pela própria carta constitucional, que confere ao cidadão o direito de ação para defender os bens culturais pertencentes à coletividade. Com efeito, o item LXXIII, do artigo 5º edita:

> "qualquer cidadão é parte legítima para propor ação popular que vise a anular ato lesivo ao patrimônio público ou de entidade de que o Estado participe, à moralidade administrativa, ao meio ambiente e ao patrimônio histórico e cultural, ficando o autor, salvo comprovada má-fé, isento de custas judiciais e do ônus da sucumbência".

O Estado não pode fugir, a não ser por incúria de quem o represente, às obrigações impostas pela lei, como é o caso do patrimônio cultural da nação. E, pela omissão, deve ser responsabilizado, cabendo, inclusive, o uso da ação popular.

Diz, a esse respeito, Luisa Elizabeth T. C. Furtado:

> "... tem a ação popular o objetivo de controle da administração, da atividade governamental, através da intervenção do cidadão, que poderá, via judiciário, invalidar atos que lesam o patrimônio público, econômico, administrativo, artístico, ambiental ou histórico da coletividade. Tem, pois, por finalidade, a defesa destes patrimônios, de bens do domínio público. Em relevo, os efeitos da ação popular se refletem tanto na anulação do ato praticado, na sua sustação, caso iminente à sua consumação, bem como na ordenação da sua prática, se omissivo". (*Ação Popular*, p. 65)

É o caso das obras em domínio público, que até hoje não mereceram melhor atenção, seja da própria comunidade cultural, seja – principalmente – do governo. Elas integram o patrimônio cultural da nação, o que é definido em norma constitucional, conforme estabelece o artigo 216:

> "Constituem patrimônio cultural brasileiro os bens de natureza material e imaterial, tomados individualmente ou em conjunto, portadores de reverência à identidade, à nação, à memória dos diferentes grupos formadores da sociedade brasileira, nos quais se incluem:
>
> I – as formas de expressão;

II – os modos de criar, fazer e viver;
III – as criações científicas, artísticas e tecnológicas;
IV – as obras, objetos, documentos, edificações e demais espaços destinados às manifestações artístico-culturais;
V – os conjuntos urbanos e sítios de valor histórico, paisagístico, artístico, arqueológico, paleontológico, ecológico e científico".

A obra caída em "domínio público" inclui-se, como criação artística, no patrimônio cultural do país, nos termos da Carta Magna, o que impõe deveres e obrigações ao Estado.

Infelizmente isso não acontece.

Não há nem mesmo uma relação das obras em "domínio público", as quais são utilizadas – ou, melhor dizendo: inutilizadas – ao bel-prazer de quem queira fazer com elas qualquer negócio de oportunidade.

A Biblioteca Nacional poderia tomar a seu cargo a organização e cadastramento dessas obras, além da iniciativa de sua defesa, antes que seja tarde e que obras valiosas venham a ser destruídas, ou deformadas pela multiplicidade de aproveitamentos, muitas vezes desastrosos e, não raro, irresponsáveis.

As obras caídas em domínio público equivalem aos bens tombados, cuja defesa cabe ao Estado.

Afirma Luísa Elisabeth T. C. Furtado:

> "Com o tombamento deverá haver a preservação e conservação de bens que constituem memória nacional, daí se configurando em poder-dever do Estado de salvaguardar tais bens. Assim, caso haja ato lesivo a este patrimônio histórico e cultural, cabe ao cidadão intentar uma ação popular em prol da preservação do bem que representa a memória nacional, pois alguém deverá ser responsabilizado pelo dano ao patrimônio nacional". (*Op. cit.*, p. 68)

A lei determina ao Estado que defenda a integridade das obras caídas em "domínio público". E, na falta ou falha deste,

> "qualquer cidadão é parte legítima para propor ação popular que vise a anular ato lesivo ao patrimônio público (...)".

É uma faculdade constitucional. É, sem dúvida, um dever imposto pela cidadania.

A obra em "domínio público" pertence ao patrimônio cultural do país, e sua integridade deve ser preservada e defendida.

Revogação do Domínio Público

O "domínio público" é estabelecido em lei. A legislação estabelece as condições que determinam tal situação.

Ora, toda lei é revogável.

O "domínio público", apesar do alto significado cultural e moral desse instituto, não está imune às transformações sociais e a interesses que determinem mudanças legais. Portanto, ele pode ser revogado, total ou parcialmente.

Foi o que aconteceu na Europa.

A duração dos direitos autorais, após a morte do autor, variava de país para país, predominando o período de 50 anos, como acontecia na Bélgica, Grécia, Itália, Portugal e Países Baixos. Já na Espanha o período era de 60 anos e, na França, para obras musicais, de 70 anos e, para outras obras, 50 anos. Na Alemanha, 70 anos.

Em 1992, uma Comissão Especial da Comunidade Econômica Européia aprovou uma resolução unificando esse período para 70 anos, o que veio, finalmente, a ser adotado.

Dessa forma, nos países que integram a União Européia a obra cai em "domínio público" 70 anos depois da morte do autor.

Portanto, houve uma modificação nos prazos, agora unificados para todos os países da chamada União Européia.

Aconteceu, então, um fato que escapou à previsão dos legisladores europeus: várias obras que já estavam em "domínio público" perderam essa condição, já que o novo período legal, em muitos casos, não havia transcorrido. Os herdeiros, dessa forma, readquiriram os direitos patrimoniais que haviam perdido em face da decorrência do prazo legal anterior, que era menor.

Isso aconteceu com vários autores, entre eles Fernando Pessoa, exemplo mais conhecido porque afetou editores de língua portuguesa.

O problema atingiu o Brasil, onde há edição de muitas obras de autores da Europa caídas em "domínio público" mas que, em face de lei nova, perderam essa condição.

Nesse caso, o que fazer com os livros já editados?

Não havia um contrato como base para que o interessado pudesse se opor à nova situação. Nem poderia haver, pois a obra em "domínio público" é simplesmente disponível, respeitando-se, apenas, os direitos morais do autor.

O ato jurídico que prorrogou o prazo de vigência dos direitos patrimoniais após a morte do autor gerou, também, um fato novo.

Desapareceu uma situação e surgiu outra.

Se não há um ato jurídico perfeito a ser respeitado pela nova lei, há um fato jurídico, que é a edição de livros, na época legalmente disponíveis. E esse fato jurídico deve ser respeitado, enquanto ele e seus efeitos estiverem presentes.

Trata-se de um direito que foi adquirido na constância de uma lei. A edição de uma obra que, à época, estava em "domínio público", gera efeitos econômicos e transações comerciais. Entra para o patrimônio do sujeito. É uma situação que deve ser respeitada até que ela se consuma.

A edição de um livro tem vários desdobramentos. Do ponto de vista comercial, completa-se com a venda dos exemplares. Exaure-se com a venda dos livros, que é o fim do ciclo editorial. A relação patrimonial deixa de existir quando não há mais a coisa material que era objeto do comércio.

Esgotada a obra, portanto, desaparecem as conseqüências patrimoniais geradas pela edição feita em uma situação legal determinada, ou seja: sob "domínio público". Agora já não é mais possível reeditá-la, pois constituiu-se, em função de lei nova, uma condição diferente que restabeleceu os direitos patrimoniais dos herdeiros. Não está mais em jogo um patrimônio que, vendidos os livros, inexiste, se esgota.

A nova lei modificou a situação. Criou um novo estado. Respeita o direito adquirido. Mas não permite a renovação da prática agora revogada. É como um contrato de edição que se extingue pelo decurso do tempo. Cumpridas as obrigações, nada mais resta a fazer. Esgotada a edição de uma obra em domínio público, se essa condição decaiu por força de nova lei, não é mais possível reeditá-la sem autorização.

Editar uma obra caída em "domínio público" é uma faculdade para a qual não se exige qualquer formalidade. Mas, no momento em que a obra deixa essa condição e sai do "domínio público", ela já não está mais disponível. Tolera-se, apenas, a conclusão de negócios cujos frutos haviam-se iniciado numa condição determinada e que, por sua natureza, vão completar-se em outra situação. Não poderia ser de outra forma.

No caso, o direito adquirido refere-se ao ato e ao fato em si, perpetrado na constância de uma lei, cujos efeitos patrimoniais devem ser respeitados. Mas não podem repetir-se, gerando novos interesses e novas obrigações, sob império de lei nova, que dispõe de maneira diversa.

Como dizia Celso, *jus est ars boni et equi* – o direito é a arte do bem e da eqüidade.

OBRAS DE ARTES PLÁSTICAS EM LOGRADOUROS PÚBLICOS

O problema relacionado com as artes plásticas sempre foi fonte de dúvidas e controvérsias. Começa pelo fato de que ela contém, em si, de forma mais evidente, o direito do autor e a propriedade privada da obra, não raro de alto preço, sendo objeto até de transações milionárias. É a origem dos conflitos.

A lei confere ao autor direitos sobre a obra que ele criou. Mas, ao mesmo tempo, estipula determinadas limitações.

O limite tem por objetivo resguardar o interesse social nas obras de criação e engenho, permitindo sua maior difusão e dando a todos a possibilidade de acesso mais amplo à cultura e ao conhecimento.

O autor está amparado pela própria Constituição que estabelece, no item XXVII do artigo 5º:

> "aos autores pertence o direito exclusivo de utilização, publicação ou reprodução de suas obras, transmissível aos herdeiros pelo tempo que a lei fixar".

O texto não poderia ser mais claro. O autor, em primeiro lugar, tem um direito que é exclusivo, logo indivisível e próprio. Essa exclusividade confere a ele o direito de utilizar a obra. O verbo *utilizar* dispensaria o restante. Mas o legislador constituinte foi mais longe, numa reafirmação maior dessa exclusividade. O autor tem o direito exclusivo de *publicar* ou *reproduzir* a obra. O artigo 29 da nossa lei autoral, por sua vez, afirma que

> "depende de autorização prévia e expressa do autor a utilização da obra por quaisquer modalidades".

Aqui o preceito constitucional torna-se concreto e objetivo.

No caso das artes plásticas, o item VIII, na letra j desse artigo, inclui, de forma taxativa, "a exposição de obras de artes plásticas e figurativas", o que só é possível com a permissão do autor.

A legislação foi, de forma específica, "cercando" todas as hipóteses, visando garantir ao autor o exercício do direito que a Constituição lhe confere sobre a obra que criou.

Assim é que a compra da obra não confere ao comprador qualquer direito autoral sobre ela. O autor, em qualquer circunstância – redundante dizê-lo – continua sendo seu autor. Eis o que diz o artigo 37 da lei autoral:

> "A aquisição do original de uma obra, ou de exemplar, não confere ao adquirente qualquer dos direitos patrimoniais do autor, salvo convenção em contrário entre as partes e os casos previstos nesta lei".

Portanto, ao comprar um quadro, ou um livro, não se adquire o direito, por exemplo, de reprodução dessas obras. A obra é algo que se compra para deleite ou aprendizado, o que encerra a fruição do bem adquirido.

No que tange às obras de artes plásticas, a antiga lei (5.988/73), em seu artigo 80, violava esses direitos, estabelecendo, contraditoriamente, o seguinte:

> "Salvo convenção em contrário, o autor de obra de arte plástica, ao alienar o objeto em que ela se materializa, transmite ao adquirente o direito de reproduzi-la ou de expô-la ao público".

Esse artigo permitia que o comprador de um quadro o reproduzisse sem limites e, ainda, que o expusesse ao público. Sua propriedade ia além do corpo mecânico, invadindo a área do direito de autor.

A nova lei veio corrigir essa anomalia, editando em seu artigo 77, o seguinte:

> "Salvo convenção em contrário, o autor de obra de arte plástica, ao alienar o objeto em que ela se materializa, transmite o direito de expô-la, mas não transmite ao adquirente o direito de reproduzi-la".

O problema, pois, está resolvido, já que o texto antigo foi gerador de muitos problemas e questionamentos.

Agora a lei estabeleceu – melhor dito: restabeleceu – os limites da propriedade do comprador. Ele pode, obviamente, utilizar a obra de arte plástica no âmbito da sua vida pessoal. Pode expô-la em sua residência ou local de trabalho. Mas não pode levá-la a público, salvo se, para isso, tiver autorização "prévia e expressa" do autor.

O artigo 80 da lei anterior, ao permitir que o adquirente pudesse reproduzir a obra, conferia-lhe, também, o direito de expô-la em *"público"*.

A lei 9.610 retirou a palavra *"público"*, reduzindo o direito do comprador a simplesmente expô-la, o que pressupõe uma restrição significativa.

Ora, a exposição de uma obra ao público pode ser feita, inclusive, de forma onerosa, com cobrança de entradas, como ocorre freqüentemente em mostras de artistas famosos. Isso já é uma atividade econômica, um comércio, que viola os interesses patrimoniais do autor, salvo no caso em que, para isso, exista uma licença prévia e expressa ou, então, convenção contratual.

Há, por exemplo, colecionadores que possuem um número apreciável de obras de artistas plásticos como Volpi, Portinari ou Carlos Scliar. Não é difícil imaginar uma excelente fonte de renda para quem, dispondo das obras ou reunindo-as de qualquer forma, resolva expô-las mediante cobrança. A lei veda tal comércio, precisamente para não causar ao autor um prejuízo injustificável.

Já o artigo 48 trata das obras de artes plásticas numa situação peculiar. Edita o seguinte:

> "As obras situadas permanentemente em logradouros públicos podem ser representadas livremente, por meio de pinturas, desenhos, fotografias e procedimentos audiovisuais."

À primeira vista parece uma limitação absoluta ao direito do autor, estabelecendo uma liberdade, também absoluta, para que se faça o que bem se entender com as obras situadas em logradouros públicos.

Não é assim e nem foi essa a intenção e o objetivo do legislador, o que logo se percebe a uma análise mais demorada desse artigo.

Em primeiro lugar é preciso definir o que é logradouro público. O eminente jurista e magistrado dr. Luiz Fernando Gama Pellegrini tratou desse assunto, aliás de forma clara e competente, em seu livro *Direito Autoral do Artista Plástico*. Inicialmente, cita a definição de Plácido e Silva, contida no *Dicionário Jurídico*, para estabelecer o que é *"logradouro público"*:

> "LOGRADOURO PÚBLICO – Na terminologia nativa, é mais propriamente tido como o local, ameno e agradável, como praças, jardins, hortos, passeios, mantidos pelos poderes públicos, para desfrute e gozo dos habitantes da localidade.
>
> Mas, a qualidade de público, atribuída ao logradouro, não se restringe aos jardins, praças, etc., conforme anotamos acima. Toda a parte ou superfície da cidade destinada ao trânsito público, oficialmente reconhecida e designada por um nome, de acordo com as posturas do Município, entende-se *logradouro público*, isto é, para uso e gozo de toda a população".

E a seguir completa o dr. Luiz Fernando Gama Pellegrini:

> "Desta forma, tudo aquilo que está ao alcance do público, tal como as praças, ruas, etc., bem como os locais públicos (ainda que construídos por particulares), como museus, entidades culturais e uma série de outros estabelecimentos similares, denomina-se logradouro público. E é exatamente nos logradouros públicos que encontramos as mais variadas manifestações artísticas, tais como quadros, esculturas, painéis, monumentos etc., obras essas passíveis de acesso ao público, e que constituem o acervo artístico-cultural de um povo". (*Op. cit.*, p. 95)

Portanto, o conceito de logradouro público é muito mais amplo do que comumente se pensa, abrangendo locais a que o povo tem acesso, mas não raro sob controle de entidades públicas ou mesmo particulares.

Esse fato torna as obras aí postas disponíveis para uso sem limites? Será possível copiá-las e fazer disso um comércio?

É ainda Luiz Fernando Gama Pellegrini quem lembra, com muita acuidade, que a obra situada em logradouro público não é obra em "domínio público", para dizer, depois de uma análise do problema:

> "(...) não há a menor relação entre logradouro público e domínio público, por mais incrível que pareça, não obstante haver uma grande confusão a respeito, pois é comum dizer-se, e.g., que um monumento ou um painel, pelo simples fato de se encontrarem na praça, no prédio ou mesmo em museus e estabelecimentos similares, são de domínio público". (*Op. cit.*, p. 97).

Trata-se de um esclarecimento oportuno, pois a confusão é muito comum. Julga-se que a obra de arte colocada em logradouro público pertence a todos. Pior ainda: seria uma espécie de coisa abandonada, sem dono, *res nullius.*

Não é assim. Trata-se de um patrimônio público, sem dúvida. Mas um patrimônio sobre o qual existem direitos morais e materiais do autor.

Pode a obra em logradouro público ser reproduzida?

A lei não fala em reprodução. Fala em representação e exemplifica: "por meio de pinturas, desenhos, fotografias e procedimentos audiovisuais."

Já de início temos uma conclusão: uma estátua pode ser representada, dentro daquilo que a lei indica, mas não pode ser reproduzida, ou seja: não se pode dela fazer cópias em qualquer escala, grande, pequena, ou mesmo minúscula, para adornar chaveiros ou lembranças do local, o que é muito comum.

Portanto, a representação é uma coisa; a reprodução é outra.

A verdade é que o direito autoral tem um objetivo claro, preciso e reconhecido internacionalmente: proteger o autor e impedir a exploração ilícita de sua obra.

É necessário ressaltar, mais uma vez, que a obra de arte é única e peculiar. É um trabalho sem igual, privilégio de almas inspiradas que são capazes de transmitir, através de várias formas, sensações que estão além, muito além, das coisas materiais.

Se a lei protege um invento, algo mecânico e sem alma, como deixaria sem proteção aquilo que, muito apropriadamente, se chama de "criações do espírito"?

Ora, se a obra colocada em logradouro público não está em "domínio público", o autor continua exercendo sobre ela seus direitos patrimoniais e morais.

A obra posta permanentemente em logradouro público pode ser representada. Mas não pode ser reproduzida em qualquer escala, notadamente se for para fins comerciais, como quase sempre – e abusivamente – acontece.

Uma coisa é, por exemplo, fotografar uma praça e nela captar, também, uma estátua. A foto é do *conjunto*, o que é perfeitamente compreensível e permitido. É o "plano geral", a paisagem ampla.

Mas é muito diferente – note-se bem – fotografar uma estátua e transformá-la em cartões postais para venda. Não é mais o logradouro público, mas a obra nele contida, que está em jogo. A obra é parte integrante do todo, compõe o visual. Mas na foto o que se vê é a obra isolada de um artista, a qual tem valor em si, como tal, independente do local em que esteja colocada.

É ainda Luiz Fernando Gama Pellegrini que diz:

> "Note-se que, e. g., estando a estátua ou monumento fazendo parte integrante do todo, como objeto de reprodução, não haveria impedimento. No entanto, se se pretende fotografar o monumento ou a estátua isoladamente, aí haverá então a necessidade de autorização por parte do titular do direito, sob pena de violação". (*Op. cit.*, p.99)

Considerada a obra isoladamente, o local em que ela se encontra é irrelevante. Não afeta e não altera os direitos do autor.

As limitações a esses direitos estão claramente definidas na lei e não constituem um passaporte para a pirataria. A conclusão é óbvia: "as obras situadas permanentemente em logradouros públicos podem ser representadas livremente, por meio de pinturas, desenhos, fotografias e procedimentos audiovisuais".

É o que diz a lei.

Não podem ser reproduzidas. E sua representação, dentro do contexto geral onde estão colocadas, é livre.

Mas a reprodução da obra para fins de comércio atenta contra os direitos patrimoniais do autor. É uma violação flagrante da lei autoral e lesão que deve ser reparada.

A Reprodução da Obra na Internet

Como a palavra está dizendo, reproduzir é, na verdade, produzir de novo a partir de algo preexistente. Um livro pode ser editado e reproduzido. Não por acaso no capítulo III, que trata dos direitos patrimoniais do autor, o artigo 29 estabelece que

> "depende da autorização prévia e expressa do autor a utilização da obra, por quaisquer modalidade, tais como:
>
> I – a reprodução parcial ou integral;
> II – a edição;"

Portanto, são duas ações que não se confundem. Temos a edição da obra e a reprodução da obra.

A reprodução depende, como se vê, da autorização do autor. Mas a simples autorização não é suficiente. A lei impõe obrigações a quem reproduz a obra. Nesse sentido a legislação é clara e impositiva. Vejamos, o texto do artigo 30 e seus parágrafos:

> "***Art. 30*** – No exercício do direito de reprodução, o titular dos direitos autorais poderá colocar à disposição do público a obra, na forma, local e pelo tempo que desejar, a título oneroso ou gratuito.
> §1º – O direito de exclusividade de reprodução não será aplicável quando ela for temporária e apenas tiver o propósito de tornar a obra, fonograma ou interpretação perceptível em meio eletrônico ou quando for de natureza transitória e incidental, desde que ocorra no curso do uso devidamente autorizado da obra, pelo titular".

O parágrafo primeiro desse artigo trata de uma limitação: a exclusividade não será aplicável quando a reprodução for transitória ou incidental.

Já o parágrafo 2º impõe séria obrigação a quem reproduz a obra, pois estabelece o seguinte:

> "Em qualquer modalidade de reprodução, a quantidade de exemplares será informada e controlada, cabendo a quem reproduzir a obra a responsabilidade de manter os registros que permitam, ao autor, a fiscalização do aproveitamento econômico da exploração".

Seja qual for a forma de reprodução da obra, é necessário manter registro de tudo o que foi feito, para informação do autor. É seu direito incontestável exercer pleno controle sobre a reprodução.

A lei não exclui, não excepciona, meio algum. Ao contrário. É abrangente quando se refere a "qualquer modalidade".

Enquanto estamos tratando da reprodução comum, especialmente gráfica, não há problema, pois a operação de organizar e manter registros é relativamente simples. A reprografia, por exemplo, inclui-se taxativamente nesse campo. O copista, além da necessária autorização do autor ou de quem o represente, é obrigado a manter um registro de tudo que reproduziu.

Mas agora a obra chega à internet, o que provoca mudança substancial. Não são mais páginas de livros. Não há exemplares. O conceito de espaço e quantidade é outro.

Como cabe ao autor o privilégio de autorizar a reprodução de sua obra, nos termos do artigo 30, a disponibilidade na internet depende dessa autorização. Quanto a isso não há dúvida.

Mas onde o problema surge é precisamente no parágrafo segundo desse artigo, ou seja, no registro do que foi reproduzido.

Aliás, esse parágrafo é curioso, pois pode ser dividido em duas partes que, infelizmente, não se completam nem coadunam. Na parte inicial ele fala "em qualquer modalidade de reprodução" para logo falar em "quantidade de exemplares", o que não existe no espaço cibernético.

Ora, por "exemplares" entendem-se páginas, livros, discos, CDs. Já na frase "por qualquer modalidade de reprodução", entende-se tudo aquilo que, de uma forma ou outra, possa reproduzir uma obra de criação.

O objetivo da lei, desnecessário dizê-lo, é a proteção dos direitos do autor, titular da obra que produziu e único que dela pode dispor. Se esse é o objetivo de toda a estrutura jurídica autoral, é evidente que, quando se trata de "modalidades de reprodução", aí devemos incluir a internet. Não pode ser de outra forma, inclusive porque esse meio de comunicação invade o planeta inteiro e, muito mais rapidamente do que se possa pensar, tende a tornar-se forma absoluta de armazenar e levar ao mundo as obras de arte e engenho.

Há, pois, que interpretar a lei no sentido de que sua aplicação esteja em consonância com os novos tempos e, aliás, nesse caso, com ela própria, pois em seu artigo 7º, afirma que

> "são obras intelectuais protegidas as criações do espírito, expressas por qualquer meio ou fixadas em qualquer suporte, tangível ou intangível, conhecido ou que se invente no futuro (...)"

Tomemos, por exemplo, o caso de uma biblioteca virtual, como já existem em muitas universidades. Na sua maioria elas estão disponibilizando obras caídas em "domínio público". Mas, em alguns casos, obras protegidas já estão à disposição dos interessados. Essa disponibilidade é, sem dúvida, uma reprodução, devendo-se observar e aplicar o que determina o artigo 30, especialmente em seu parágrafo segundo.

Quem disponibiliza esse material está, na verdade, reproduzindo uma obra protegida e deve, portanto, "manter registros que permitam, ao autor, a fiscalização do aproveitamento econômico da exploração", recorrendo, para isso, às facilidades de um arquivo eletrônico.

Em primeiro lugar é necessária a autorização do autor, o que pressupõe um contrato de licença. Como não estamos tratando de exemplares, mas de espaço e tempo, esse contrato deverá observar as características do novo meio de reprodução da obra, que é a internet. A licença contratual, portanto, terá por base, entre outras coisas:

1) o material disponível e sua identificação;
2) o período – o tempo de duração – dessa disponibilidade;
3) o preço a ser pago;
4) as condições desse pagamento: por tempo de acesso ou por número de acessos;
5) o controle dos pagamentos através dos registros dos acessos ou tempo de uso;

6) as cláusulas penais: multas e outras sanções;
7) os instrumentos de bloqueio a acessos;
8) a identificação dos usuários;
9) as formas de acesso ao material protegido;
10) os limites de utilização do material acessado.

Esses pontos, evidentemente, não constituem números fechados, pois se trata de uma experiência nova, em processo de implantação e desenvolvimento, portanto passível de alterações. Além disso, a própria revolução tecnológica, que está determinando essas transformações, é recente e, na verdade, está em curso. Estamos apenas começando essa grande caminhada rumo a um futuro que já chegou, mas não terminou.

O fato, entretanto, é que a reprodução eletrônica de obras protegidas deve obedecer aos parâmetros fixados pela lei, mantendo-se, no caso, os registros que permitam ao autor o controle do aproveitamento econômico de seu trabalho. Através de sistemas eletrônicos e programas adequados, esse registro se torna mais fácil e objetivo. Tecnicamente falando, é simples e fácil. O provedor desempenhará papel decisivo como "porta" para os caminhos do espaço cibernético e seu controle.

Os meios de reprodução podem mudar. Mas a obra de arte será sempre uma obra de arte e, como tal, protegida pela lei dos direitos autorais.

O Empregado e a Cessão de Obra Futura

Nas legislações autorais, em todos os países, existe uma figura interessante e, objetivamente, necessária. É a obra produzida, como dizia a lei 5.988/73, no artigo 36, "em cumprimento a dever funcional ou a contrato de trabalho". Nesse caso – previa a lei – os direitos autorais, não havendo estipulação em contrário, pertenceriam a ambas as partes.

Esse artigo foi retirado da nova lei que, dessa forma, é omissa em relação ao trabalho criador do empregado ou do funcionário público.

Omissa a lei, criou-se um problema, pois agora o empregado ou funcionário passa a ser titular dos direitos autorais sobre a obra que ele cria, mesmo na condição de assalariado, e recebendo seu salário ou vencimento.

Já na lei de *Software* – lei 9.609/98 – o problema ficou claro, pois o artigo 4º edita:

> "Salvo estipulação em contrário, pertencerão exclusivamente ao empregador, contratante de serviços ou órgão público, os direitos relativos ao programa de computador, desenvolvido ou elaborado durante a vigência de contrato ou de vínculo estatutário, expressamente destinado à pesquisa e desenvolvimento, ou em que a atividade do empregado, contratado de serviço ou servidor seja prevista, ou ainda, que decorra da própria natureza dos encargos concernentes a esses vínculos".

Mas a nova lei de direitos autorais nada fala sobre tão importante forma de remuneração do trabalho criador. Em conseqüência disso, empregados ou servidores públicos passam a ser, automaticamente, titulares dos direitos sobre as obras que produzirem, mesmo recebendo seus salários para esse fim.

Em face da situação criada, o empregador deve pagar direitos autorais sobre as obras de seus empregados, o mesmo valendo para os servidores públicos.

O problema afetou um sem-número de empresas, especialmente editoras, que mantêm empregados em várias atividades criativas: tradutores, desenhistas, ilustradores, fotógrafos – e assim por diante.

Agora, é necessário contratar especificamente esses trabalhos de criação. Como a obra costuma ser utilizada de forma indeterminada, o aconselhável é a cessão de direitos, ou transferência, como estabelece o artigo 49 da nova lei.

Teoricamente, o problema fica resolvido. Na omissão da lei, a própria lei fornece a instrumentação legal para resolver o problema.

Na vida prática, entretanto, a situação apresenta contornos diferentes. É que, a cada trabalho, a cada desenho entregue, a cada texto traduzido, torna-se necessária uma avença específica cedendo os direitos da obra, o que pode acontecer várias vezes num mesmo dia. Essa situação provoca uma série de transtornos burocráticos e, por isso mesmo, termina no esquecimento. O trabalho é simplesmente entregue sem qualquer formalidade.

Assim, o problema assume aspectos diferentes, pois essa prática se impõe como uma necessidade gerada pela atividade contínua, que exige uma ação rápida.

É possível, como solução preventiva, estabelecer um contrato para obra futura, que o autor ainda vai produzir.

Os artigos 54 e 55 da lei deixam isso bem claro, ao tratar do contrato de edição:

> "***Art. 54*** – Pelo mesmo contrato pode o autor obrigar-se à feitura de obra literária, artística ou científica em cuja publicação e divulgação se empenha o editor".

E a seguir, prevendo, inclusive, a impossibilidade de conclusão da obra futura, o legislador estabelece:

> "***Art. 55*** – Em caso de falecimento ou de impedimento do autor para concluir a obra, o editor poderá:
>
> I – considerar resolvido o contrato, mesmo que tenha sido entregue parte considerável da obra;
> II – editar a obra, sendo autônoma, mediante pagamento proporcional do preço;
> III – mandar que outro a termine, desde que consintam os sucessores e seja o fato indicado na edição;
>
> ***Parágrafo único*** – É vedada a publicação parcial, se o autor manifestou a vontade de só publicá-la por inteiro ou se assim o decidirem seus sucessores".

Portanto, a lei não só permite o contrato sobre obra futura, como estabelece regras bem precisas no caso da obra não ser concluída.

Para o contrato de cessão de obra futura existem determinados limites. O legislador quis impedir um ato abusivo, verdadeiramente leonino, que viesse a comprometer, definitivamente, o trabalho futuro e prendê-lo irremediavelmente ao editor. Tanto assim que o artigo 49, que trata da transferência dos direitos de autor, estabelece, entre outras coisas, o seguinte:

> "I – a transmissão total compreende todos os direitos de autor, salvo os de natureza moral e os expressamente excluídos por lei;

II – somente se admitirá transmissão total e definitiva dos direitos mediante estipulação contratual escrita;

III – na hipótese de não haver estipulação contratual escrita, o prazo máximo será de cinco anos;

IV – a cessão será válida unicamente para o país em que se firmou o contrato, salvo estipulação em contrário;

V – a cessão só se operará para modalidades de utilização já existentes à data do contrato;

VI – não havendo especificações quanto à modalidade de utilização, o contrato será interpretado restritivamente, entendendo-se como limitada apenas a uma que seja aquela indispensável ao cumprimento da finalidade do contrato".

Portanto, dentro dos limites que a lei fixou, é possível um contrato de cessão de obra futura entre patrão e empregado, ou entre repartição pública e funcionário. Titulares de seus direitos, esses autores podem cedê-los.

Mas é necessário estabelecer determinados critérios, além da observância do que a lei determina.

Um problema que surge, no caso de que estamos tratando, é o que se refere ao caráter da obra. Não é um contrato de encomenda genérico. Em muitos casos ele é excepcionalmente específico.

Uma das características da encomenda é a posição do encomendante. Ele, obviamente, indica o que quer, o que pretende, pelo menos em linhas gerais. Se o contrato é para um romance, o escritor não poderá entregar um estudo sociológico. Mas, de outra parte, não é possível indicar o tipo de romance ou, ainda, as cenas e personagens, o enredo, enfim, aquilo que pertence exclusivamente à órbita do espírito criador de cada um.

Mesmo em linhas gerais, o contrato poderá prever características determinadas da obra futura. Elas servirão para identificá-la com o projeto do editor e suas necessidades. Isso é possível, pertinente e lógico.

Um ilustrador poderá ceder suas obras futuras dentro do quadro de sua especialidade, indicando-se, por exemplo, que elas se destinem a livros infantis, cujos temas o editor indicará. Tal indicação é necessária, inclusive para que o autor possa realizar a contento sua tarefa.

Embora a cessão seja uma transferência de propriedade, no caso autoral a lei estabelece determinados limites. Um deles é a especificidade do uso da obra. Se o contrato de cessão for omisso, a obra futura só poderá ser utilizada para a atividade específica do cessionário, conforme se vê no item VI do artigo 49:

> "não havendo especificações quanto à modalidade de utilização, o contrato será interpretado restritivamente, entendendo-se como limitada apenas a uma que seja aquela indispensável ao cumprimento da finalidade do contrato".

Se uma editora, por exemplo, tem um contrato de cessão de ilustrações, sem especificar as modalidades de uso, entende-se que ele se destine exclusivamente a livros. Essa ilustração não poderá ser utilizada num banco de dados, na internet ou na televisão, pois estará ferindo o texto legal.

E o que dizer da quantidade?

Esse sempre foi um problema no contrato de uma obra futura. Contrata-se um romance – mas de quantas páginas? Quantos volumes ele terá?

No caso de ilustrações, ou desenhos, o problema também se faz presente: quantas peças? É evidente que isso pode ser objeto de avença, estabelecendo-se que o editor indicará as obras a serem ilustradas e em que proporções.

O contrato de cessão de obra futura, embora comum em todas as legislações, é peça que necessita de cuidados e, mesmo, minúcias e termos bastante claros.

É um contrato que vem se tornando comum. Ele interessa ao autor que, assim, obtém uma remuneração antecipada pelo trabalho que vai fazer; o editor, por sua vez, obtém a garantia de que terá, daquele autor, o seu trabalho com a devida preferência.

Carlos Alberto Bittar, a esse propósito, afirma o seguinte:

> "Nas legislações mais recentes tem também sido disciplinada, expressamente, a cessão da obra futura, considerando-se hoje, pois, como legítima avença, desde que haja fixação de prazo limite".

A lei brasileira determina que a cessão de obras futuras só pode ser feita pelo prazo de cinco anos.

> "***Art. 51*** – A cessão dos direitos de autor sobre obras futuras abrangerá, no máximo, o período de 5 anos.
> ***Parágrafo único*** – O prazo será reduzido a cinco anos sempre que indeterminado ou superior, diminuindo-se, na devida proporção, o preço estipulado".

Portanto, qualquer contrato dessa natureza deve limitar-se ao prazo legal estabelecido.

Nesse caso surgem, ainda, problemas que é necessário considerar. O primeiro diz respeito ao preço. O contrato de cessão presume-se oneroso. Logo, o preço deve constar da avença. Mas aqui aparece outro problema: estamos tratando de contrato de cessão com empregado que já recebe, mensalmente, o salário ajustado.

É evidente que a falha na lei, ao não considerar a obra produzida em razão do trabalho assalariado ou função pública, deixou em aberto um problema constrangedor e difícil.

Não é possível confundir o vínculo trabalhista com o direito autoral.

O empregado, com carteira assinada, tem vencimentos ali estabelecidos e, inclusive, reajustados nos termos da lei, ou por imposição de dissídios coletivos e convenções de trabalho.

Já o pagamento da obra criada entra na esfera do direito autoral, direito que, agora, pertence a esse empregado. O salário dele desvinculou-se da remuneração autoral. Há, pois, que convencionar, também, a remuneração da obra criada. Como a lei não fixa parâmetros para isso, mas apenas uma presunção, a importância fica ao livre arbítrio das partes e poderá, até mesmo, ser simbólica. Mas deve ser estipulada.

E se o empregado, agora cedente, não entregar a obra futura? Ou, então, não cumprir os prazos?

Nada poderá obrigá-lo a cumprir o contrato no sentido de elaborar a obra. A obra de criação tem características especiais. Na melhor das hipóteses o autor poderia ser condenado a entregar a obra em determinado prazo, que, também, poderá não cumprir.

Pode, entretanto, responder por perdas e danos ou, então, ser forçado a cumprir as cláusulas penais avençadas. Mais uma vez, a clareza do contrato se impõe.

De tudo o que foi dito conclui-se que a solução está na esfera contratual, sendo possível, inclusive, um contrato de cessão de obra futura, pois a lei o permite.

Em qualquer dos casos, o contrato deve ser claro e minucioso, atendo-se ao que preceitua a lei.

É uma situação que deve ser enfrentada, tanto na esfera do Estado como na esfera privada. Caso isso não se faça, os autores, empregados ou funcionários, poderão, a qualquer momento, reivindicar os direitos autorais sobre suas obras.

Citação e Transcrição de Obras Protegidas

A citação é um terreno propício a confusões e problemas, pois trata-se da utilização de obra protegida, sem proveito algum para o autor.

Os limites da citação nunca foram precisos. Não raro ela confunde-se com a transcrição, que é outra coisa. A doutrina, ao longo do tempo, foi fixando as bases do que seja, realmente, a citação, elemento necessário e importante ao debate e estudo de muitas matérias.

Eis o que diz a lei:

> "***Art.46*** – Não constitui ofensa aos direitos autorais:
>
> III – a citação em livros, jornais, revistas ou qualquer outro meio de comunicação, de passagens de qualquer obra, para fins de estudo, crítica ou polêmica, na medida justificada para o fim a atingir, indicando-se o nome do autor e a origem da obra".

O direito autoral é uma construção jurídica que procura, de um lado, assegurar os privilégios do autor e, de outro, permitir a livre circulação do pensamento, do estudo e da informação. Daí as limitações, que a própria legislação impõe, aos direitos do autor.

A citação é, por isso mesmo, uma limitação ao direito autoral e uma permissão de aproveitamento de obra protegida.

A Convenção de Berna, em seu artigo 10º, refere-se ao direito de citação, ao estabelecer que:

> "São lícitas as citações de uma obra que tenha se tornado licitamente acessível ao público, desde que feita conforme usos honrados e na medida justificada pelo fim que se persiga (...)"

Esse artigo é, em linhas gerais, adotado pelas legislações de vários países. Deixa ao critério de quem utiliza a citação o arbítrio do que seja a "medida justificada pelo fim que se persiga".

Não é outro, aliás, o pensamento dos principais autoralistas. Delia Lipszyc diz o seguinte:

> "Entende-se por citação a menção de um fragmento relativamente breve de outra obra escrita, sonora ou audiovisual, assim como de obras artísticas isoladas, para apoiar ou tornar mais inteligíveis as opiniões de quem escreve, ou para referir-se a opiniões de outro autor de maneira fidedigna".

E, a seguir, essa autoralista acrescenta:

> "(...) a citação deve ser correta e realizada para análise, comentário ou juízo crítico, e só pode ser feita para fins docentes ou de investigação e na medida justificada pela finalidade da incorporação desse texto." (*Op. cit.*, p. 231)

A citação, pois, não pode ser aleatória nem transformar-se numa reprodução indevida de obra alheia.

Por isso mesmo, o primeiro passo é, realmente, tornar claro o que é citação, um "elemento imprescindível do diálogo intelectual que não pode ser coartado pelas leis", no dizer preciso do prof. José de Oliveira Ascensão.

Mas coube, sem dúvida, ao saudoso Eduardo Vieira Manso, delimitar os contornos do que é uma citação, o que fez magnificamente, dando instrumento inequívoco para defini-la. Diz o mestre:

> "A citação há de inserir-se em *obra maior:* isto é, sendo acessório, sempre haverá de existir a *obra* (principal) à qual ela se acrescenta, de modo que, eliminada a citação, sempre reste uma obra inteligível por seu próprio conteúdo e com seu próprio valor". (*Op. cit.*, p. 281)

O conceito enquadra-se, perfeita e habilidosamente, no caso em foco. Realmente, não é possível equacionar com precisão o que seja "uso honrado" ou, ainda, "pequenos trechos". O que seria um uso não honrado? E pequenos trechos, o que isto significa em tamanho?

A extensão das obras literárias ou científicas variam de autor para autor. O que é um pequeno trecho de um livro de 800 páginas? E quando o livro tiver apenas 20 páginas? E como considerar "pequeno trecho" em relação a um poema de 10 linhas?

Vieira Manso, argutamente, simplificou o problema. Citação é um trecho acessório que, dispensado, não afeta a obra. Ela continuará sendo o que é. A citação é um reforço argumentativo. Mas, um reforço dispensável. Retirado ele, a obra principal não perde o sentido nem validade; continua existindo como tal em sua trajetória.

Como sempre ocorre quando a norma legal não é, ou não pode ser, explícita e direta, as interpretações podem levar a distorções e mesmo a abusos, prejudicando o autor.

Não por acaso são freqüentes as dúvidas e confusões nesse campo. Daí a necessidade, primeiro, de se conceituar, exatamente, o que é citação, a fim de que se possa a ela recorrer, sem lesar o direito do autor.

A citação é útil e necessária. Faz parte da vida acadêmica e, em geral, de qualquer estudo onde a invocação dos mestres constitui elemento de apoio valioso ao pensamento do autor na exposição de suas idéias.

Mas daí a tomar trechos inteiros para outras finalidades vai uma diferença muito grande, que é, justamente, a diferença entre o permitido e a violação da lei.

Muitas publicações, especialmente na área didática, costumam reproduzir trechos de obras atuais e, às vezes, texto integral. A finalidade é fornecer ao alunos elementos de estudo da realidade atual, o que é louvável e pedagogicamente correto.

Mas, como vimos aqui, uma coisa é a citação, elemento auxiliar, tecnicamente até dispensável. Outra coisa, bem diferente, é a publicação de um trecho – ou texto integral – para estudo, comentários, perguntas, lições – o que se transforma em si, numa obra independente. Nesse caso, se o texto desaparecer, se ele for retirado, o livro, ou capítulo, deixa de existir. Não é, pois, uma citação dentro de obra maior. A transcrição, agora, é a própria obra, o que constitui violação flagrante do direito autoral.

Eis, a propósito, o que diz o artigo 33 da nossa lei:

> "Ninguém pode reproduzir obra que não pertença ao domínio público, a pretexto de anotá-la, comentá-la ou melhorá-la, sem permissão do autor".

Temos, aqui, portanto, duas situações bem distintas: uma, é a citação, em que se transcreve o trecho de uma obra para integrar obra maior, como elemento auxiliar, visando comprovar ou negar afirmações. É um trecho dispensável que, retirado da obra maior, não lhe afeta o conteúdo, nem a forma, nem a destinação final.

Diferente, sem dúvida, é a transcrição com o objetivo de comentar a obra, estudá-la, transformá-la em aula, em matéria escolar, com perguntas, respostas, interpretações. É exatamente do que trata o artigo 33, ao afirmar, categoricamente, que "ninguém pode reproduzir obra que não pertença ao domínio público, a pretexto de anotá-la, comentá-la ou melhorá-la, sem permissão do autor".

Definir claramente o que é citação e o que é transcrição ilegal de uma obra é muito importante na prática do dia-a-dia editorial.

A lei estabelece limitações aos direitos do autor. Mas essas limitações devem ser interpretadas restritivamente, sem extensões que deturpem e neguem sua razão de ser, que é permitir a livre circulação das idéias, sem lesar os direitos patrimoniais e morais dos autores.

O Direito Autoral e a Informação Jornalística: Jornal, Rádio e Televisão

A liberdade de imprensa é uma conquista e uma garantia dos cidadãos. Não há, evidentemente, que se iludir a respeito da amplitude dessa liberdade, já que os meios de comunicação, cada vez mais sofisticados, se concentram em mãos poderosas, cujos interesses nem sempre coincidem com os das camadas mais humildes da população.

Mas o princípio básico é aquele que sustenta o direito do livre pensar que, em si, nada significa se não puder expressar-se de uma forma ou de outra.

A liberdade de imprensa não se restringe à manifestação de idéias. Seu ponto alto e mais dinâmico é a informação e a notícia, elementos que determinam a própria coesão social, formando uma identidade coletiva que é, afinal de contas, o próprio espírito nacional.

O processo para divulgar informações passa por um tipo de produção intelectual que se aproxima – e muito – da obra criativa, gerando uma espécie de zona inespecífica, pois o *autor* da matéria jornalística é, também ele, um produtor de idéias. Mas nem por isso pode reclamar os privilégios consubstanciados nos direitos autorais.

O prof. José de Oliveira Ascensão destacou alguns problemas básicos para definir o que seja uma obra criativa, dizendo:

> "Assim, um texto contendo mera descrição de um processo não tem o caráter criativo que se exige, como não o tem a locução comum de um jogo de futebol ou outro acontecimento. Quer dizer, quando se passa da criação para a descrição, quando há descoberta e não inovação, quando é o objeto que comanda em vez de o papel predominante ser o da visão do autor – saímos do âmbito da tutela. A presunção de qualidade criativa cessa quando se demonstrar que foi o objeto que se impôs ao autor, que afinal nada criou". (*Op. cit.*, pp. 50-51)

O ilustre mestre faz uma distinção bem clara na dinâmica desse processo: a criação desaparece quando o comando da ação passa aos fatos. Ou seja, clara e textualmente: "A presunção de qualidade criativa cessa quando se demonstrar que foi o objeto que se impôs ao autor, que afinal nada criou".

É o caso da notícia, pois o jornalismo tem funções determinadas por sua própria natureza, o que foi muito bem definido por Manuel Joaquim Pereira dos Santos:

> "Tradicionalmente, as funções básicas do jornalismo são: *informar* e *orientar*. A essas duas funções, costuma-se também acrescentar: *entreter*".

E mais adiante esse autor acrescenta:

> "A evolução técnico-científica atingida pelo jornalismo durante este século evidenciou que o relato puro e simples da notícia não é suficiente. O público necessita e exige a sua interpretação, pois uma das funções da atividade jornalística deve ser a de fazer com que o público possa entender a notícia, isto é, reconhecer o evento particular como um de uma série onde há causas e efeitos". (*Direito de Autor na Obra Jornalística Gráfica*, pp. 8 e 10)

A informação jornalística passa, dessa forma, a integrar a vida social moderna como elemento indispensável à própria convivência dos cidadãos.

Não se pode, pois, restringi-la sob qualquer pretexto, embora isso seja comum nas ditaduras. É sempre o objetivo de quem pretende manipular a opinião pública, esconder os fatos e distorcer a realidade. A censura é a arma primeira dos inimigos da liberdade.

O direito autoral tem na informação jornalística – mesmo com a amplitude que lhe confere o jurista Manuel Joaquim Pereira dos Santos – uma restrição intransponível e absoluta ditada pelo interesse maior da sociedade: o direito à informação. Em certo sentido, o problema nem deveria ser objeto da legislação autoral, bastando ater-se ao conceito objetivo de que a notícia não é obra de criação do espírito. Sua circulação, portanto, é livre. Mesmo quando interpretada e analisada, ela é, apenas, a informação de fatos que ocorreram. É o acontecimento que faz parte da própria vida. Viver é acontecer.

É com base na informação que se estrutura esse ente imaterial, porém decisivo, que se chama "opinião pública". Vieira Manso assim a define:

> "A opinião pública é o "foro íntimo da nação", afirma Alfred Sauvy, para quem ela é sempre um *arbítrio*, uma *consciência*, "uma força política", que "não está prevista por constituição alguma". E, ainda conforme Sauvy, professor honorário do Collège de France, num regime político democrático, ela é também um *poder*, tal como o *poder de ensinar*: "A questão do poder de informar tem sido encerrada, ou parece ser assim, pela fórmula: liberdade de imprensa". A imprensa, realmente, é o veículo natural da informação pública e sua liberdade é corolário da própria liberdade individual da manifestação do pensamento. Através da prática regular e constante da comunicação pública, a nação consegue reunir elementos informativos capazes de definir sua própria visão da sociedade e dos grupos sociais que a compõem, para disso emanar a consciência nacional que é a fonte primeira de todo o Direito". (*Direito Autoral*, pp. 175-176)

Para esse autoralista a opinião pública é a fonte primeira do próprio direito. É algo que se insere numa constante de comportamentos, atitudes, enfim: um posicionamento que determina ao indivíduo os limites de sua atuação na sociedade, o que vai se traduzir em normas determinadas. Fonte do próprio direito, portanto.

Tais normas não são – e não podem ser – estáticas, sob pena de estagnar-se o organismo social e apodrecer no marasmo do mais estulto conservadorismo.

Na medida em que a informação circule, os fatos tornam-se comuns e sua apreciação é um exercício constante de cidadania. Essa apreciação é importante, porque ela pode ser crítica e mesmo contestatória. Os governantes já não conseguem – embora sempre tentem – manter seus atos longe da sociedade e, portanto, da ação participativa daquele ente incorpóreo que se convencionou chamar de "opinião pública". Daí porque, desde a Convenção de Berna, houve a preocupação de preservar o direito de autor, sem ferir ou limitar a liberdade de informação. Com efeito, o item 8 do artigo 2º dessa Convenção, diz o seguinte:

> "A proteção do presente Convênio não se aplicará às notícias do dia nem aos sucessos que tenham o caráter de simples informações de imprensa".

O direito autoral protege "as criações do espírito", a obra que tenha valor artístico e que se destine, por isso mesmo, a transmitir emoções. Um simples fato, por mais importante que seja, mesmo apresentando contornos emocionalmente dolorosos, não se enquadra no conceito de produção artística, não tendo, portanto, a proteção que a lei estabelece como direito autoral.

Não resta dúvida quanto à diferença que existe entre a criação intelectual e a notícia dos fatos e acontecimentos.

O artigo 46 da lei brasileira, que estabelece as limitações ao direito do autor, declara que

> "não constitui ofensa aos direitos autorais:
>
> I – a reprodução:
>
> a) na imprensa diária ou periódica, de notícia ou de artigo informativo, publicado em diários ou periódicos, com a menção do nome do autor, se assinados, e da publicação de onde foram transcritos";

O problema é cristalino.

Ocorre, entretanto, que o desenvolvimento tecnológico revolucionou os meios de comunicação. Já não é só a imprensa escrita a transmitir notícias e informações. O termo "imprensa" abrange outros instrumentos e meios de levar a informação noticiosa até o grande público, inclusive com maior rapidez e eficiência. Tanto é assim que hoje se fala em "mídia", empréstimo lingüístico do inglês *mass media*, para designar a imprensa em geral, incluindo aí o rádio, a televisão e, certamente, a própria internet.

Não se considera mais, como imprensa, apenas jornais e revistas ou, como ainda diz a nossa lei, "imprensa diária ou periódica", numa clara alusão a jornais e revistas, o que é incompleto. Há que se incluir, agora, o rádio, a televisão e a internet.

A evidência desse fato surge com a força dos números.

A tiragem de um jornal importante atinge 500 mil exemplares. Uma revista nacional de porte – como a *Veja*, por exemplo – tem uma tiragem comprovada de 1.210.000 exemplares, conforme atesta o IVC, instituto que verifica e comprova a circulação de órgãos da imprensa escrita. Já um jornal noticioso na televisão – como o "Jornal Nacional" da Globo, outro exemplo – atinge, segundo o IBOPE, 3.215.515 telespectadores.

A diferença é marcante, enorme e de significado extraordinário.

O rádio, por sua vez, está presente em todos os lugares, sem exceção e é, hoje, o instrumento mais rápido de informação. Há emissoras totalmente jornalísticas. O aparelho de rádio disseminou-se de forma impressionante. Ele está em diversas dependências de uma casa, no carro, no campo, nos locais de trabalho.

Além disso, a notícia radiofônica circula instantaneamente, muito antes da impressão de um jornal, produto que requer quase um dia de trabalho para sua elaboração.

A palavra "imprensa", hoje, tem abrangência maior, incluindo tudo aquilo que é meio para transmitir a palavra, o som e a imagem. Conseqüentemente, a liberdade para reproduzir uma notícia inclui todos os meios modernos de comunicação.

Se a lei não protege a notícia como direito autoral, obviamente não seria necessário incluí-la entre as limitações estabelecidas no artigo 46. É uma redundância que se justifica, apenas, como forma esclarecedora de um ato cujos limites não são precisos. A informação noticiosa é, simplesmente, de circulação livre, pois se trata de elemento que integra a liberdade e os direitos dos cidadãos.

Deixando o campo do direito autoral – que no caso não existe – a produção da notícia, o trabalho para coletá-la, os investimentos empresariais gigantescos para transmiti-la, geram, evidentemente, um direito de propriedade que deve ser respeitado. Não seria cabível, nem lógico, apossar-se de um produto ou, simplesmente, retransmitir, por exemplo, o "Jornal Nacional" da Globo, sob pretexto de estar exercendo a liberdade de informação. O direito apóia-se na lógica que emana da realidade dos fatos e da aplicação dos preceitos legais.

A lei 5.988, a respeito da retransmissão radiofônica – e por extensão perfeitamente aceitável, a televisiva – dizia em seu artigo 4º, item III, o seguinte:

> "retransmissão – a emissão, simultânea ou posterior, da transmissão de uma empresa de radiodifusão por outra";

A nova lei, em seu artigo 5º, item III, modificou esse texto, retirando dele uma palavra, o que veio a mudar tudo:

> "retransmissão – a emissão simultânea da transmissão de uma empresa por outra".

Desaparece, como se vê, a palavra "posterior", com o que, legalmente, a retransmissão só se verifica se for feita simultaneamente. O vocábulo não deixa dúvidas: é algo que deve ser feito na mesma hora, no mesmo instante, conjuntamente.

Temos nesse caso que separar a retransmissão da simples reprodução da notícia. Com isso o problema fica mais claro: é possível uma emissora, de rádio ou televisão, reproduzir uma notícia, mas não retransmiti-la. São dois conceitos diferentes, tanto do ponto de vista técnico, como do ponto de vista legal. Não é por acaso que as redes, de rádio e televisão, são compostas por várias *retransmissoras* de sua programação.

Do ponto de vista autoral, uma emissora de rádio ou televisão – órgãos de imprensa – poderia reproduzir uma informação, desde que citando a fonte e lhe dando o devido crédito. Isso abrange som e imagem.

A fotografia insere-se no mesmo conceito: quando é notícia, sua circulação é livre, desde que seja usada no contexto apropriado. Mesmo a voz e a imagem dos locutores, apresentadores ou âncoras, são elementos integrantes da notícia que, sem eles, não existiria, como não existiria o jornal sem o repórter.

No caso de uma citação, ou reprodução, não há que cogitar de direitos, salvo, evidentemente, o uso abusivo e a locupletação econômica com o furto de atividade alheia.

Entretanto, é preciso considerar, nesse caso, todo um conjunto de fatores e circunstâncias, onde o interesse público deve aparecer como da mais alta relevância, de tal forma que justifique o aproveitamento do trabalho e da propriedade de outrem. São os casos de calamidades, socorro a populações inteiras, epidemias – enfim, aquilo que a sociedade aceita e necessita em determinado momento. Nesse caso, não há, nem pode haver, objeção à reprodução de notícias de uma emissora por outra.

A reprodução da notícia, como a citação, deve servir a propósitos definidos, dentro de um contexto maior. As limitações aos direitos do autor têm, por sua vez, suas próprias limitações. Não constitui ofensa aos direitos autorais a reprodução de notícias, o que é consenso universal. Ora, excetuando-se artigos assinados, ou com características pessoais, tudo o que se publica ou transmite na imprensa é notícia ou informação. Nem por isso se pode transcrever um jornal inteiro. Não seria possível, numa localidade determinada, um pequeno órgão de imprensa reproduzir a maior parte de um jornal de outra cidade. O mesmo é válido para emissoras de rádio e televisão. Aqui não se estaria no exercício de um direito, mas, precisamente, num abuso de direito. A lei não é instrumento para o abuso. Mesmo onde ela sustenta e assegura determinada pretensão, isso tem limites ditados pela aplicação correta da lei. Não se pode invocar a lei causando dano aos interesses econômicos de outrem, o que caracteriza, sem dúvida alguma, o abuso de direito.

A liberdade de informação e o livre dispor de notícias, inclusive com sua reprodução, abrange todos os órgãos de imprensa, jornais, rádio e televisão, com som e imagens. Mas isso, evidentemente, deve circunscrever-se a informações de real interesse público, e não a uma reprodução ou retransmissão abusiva que implique em apropriação indébita. Aliás, a justiça brasileira já se pronunciou a esse respeito, consagrando o direito de reprodução de pequenos trechos noticiosos na televisão, desde que circunscrito a um fim claro e de interesse limitado. Julgando recurso extraordinário, o STF a esse respeito assim se pronunciou:

> "Ementa: Direito Autoral – Fixação em videocassete e, pois, em videoteipe, por uma empresa de televisão, de programa de outra, para posterior utilização, de pequenos trechos dessa fixação e a título de ilustração em programa de crítica para premiação. Falta de pré-questionamento da questão concernente à necessidade da autorização da emissora quanto à fixação de seu programa por outra. Tendo em vis-

ta a natureza do direito de autor, a interpretação extensiva da exceção em que se traduz o direito de citação é admitida pela doutrina. Essa admissão tanto mais se justifica quanto é certo que o inc. III do art. 49 da lei nº 5.988/73 é a reprodução quase literal do inc. V do art. 666 do Código Civil, redigido este numa época em que não havia organismos de radiodifusão e que, na atualidade, não tem sentido que o que é lícito em matéria de citação para a imprensa escrita não o seja para a falada ou televisionada. A mesma justificativa que existe para o direito de citação na obra (informativa ou crítica) publicada em jornais ou revistas de feição gráfica se aplica, evidentemente, aos programas informativos, ilustrativos ou críticos do rádio e da televisão. Recurso extraordinário não conhecido". STF (1989) RE 113.506, RJ. ADCOAS. *Direito Autoral*, 1993: 49.

A decisão é correta, pois parte do princípio de que a citação é livre, independente do veículo em que é divulgada. O fato de se tratar de televisão ou rádio é irrelevante, desde que, é claro, o objetivo seja, realmente, a citação ilustrativa. No caso em pauta, citava-se um programa de crítica sobre determinada premiação. Não se tratava de uma ação sistemática de aproveitamento ilícito sob a máscara da citação, o que seria inadmissível.

Os limites entre o exercício de um direito nem sempre são precisos, pois a lei não pode e não poderá jamais abranger todos os fatos e circunstâncias. A lógica, o bom senso, o interesse público, usos e costumes, complementam a lei na hora de sua aplicação. Formam um todo orgânico e lógico que permitirá a apreciação do eventual litígio e seu julgamento.

É o que torna a lei um instrumento vivo e socialmente útil.

A Cessão do Contrato de Edição

A cessão de contratos é um fenômeno comum nos dias de hoje, envolvendo, também, o mundo editorial. A rigor, as obrigações podem ser transferidas, substituindo-se os sujeitos da relação.

Os negócios jurídicos em torno de obras de criação envolvem dois aspectos fundamentais: o contrato de edição e o contrato de cessão, ambos regulados pela lei 9.610/98.

O artigo 49 trata da cessão de direitos autorais, que é uma transferência patrimonial feita sob condições que a lei especifica, colocando limites para preservar os direitos do autor e evitar abusos. Já o artigo 53 e os seguintes referem-se à edição, que é uma autorização temporária de uso dos direitos patrimoniais do autor, como se pode ver de seu *caput:*

> "Mediante contrato de edição, o editor, obrigando-se a reproduzir e a divulgar a obra literária, artística ou científica, fica autorizado, em caráter de exclusividade, a publicá-la e a explorá-la pelo prazo e nas condições pactuadas com o autor".

O contrato é a manifestação da vontade de duas ou mais partes estabelecendo obrigações recíprocas, na definição clássica do Código Civil italiano, em seu artigo 1.321:

> *"Il contratto é l´accordo di due o più parti per costituire, regolare o estinguere tra loro um rapporto giuridico patrimoniale".*

O contrato, portanto, é um acordo que tem por objetivo constituir, regular ou extinguir entre as partes uma relação jurídica determinada.

No mundo moderno, o Estado intervém constantemente nas relações contratuais, exercendo uma função normativa a fim de proteger a parte mais fraca, que é o cidadão comum.

Com efeito, a livre vontade é cada vez menos livre em face do poder que exercem as grandes corporações. No caso dos direitos autorais fica patente que a legislação tem em vista proteger o autor, evitar abusos e garantir seus direitos. A lei baliza os contornos do contrato de edição e de cessão das obras de engenho e arte, tendo como objetivo preservar essa proteção legal. O autor é, no caso, a parte mais fraca nessa relação e nem sempre pode negociar em igualdade de condições e estabelecer sua vontade. Aliás, ao sabor das necessidades qualquer contrato pode encerrar deformações insuportáveis e leoninas que o viciam irremediavelmente.

O contrato de edição tem, por isso mesmo, seus contornos definidos nas convenções internacionais e nas legislações internas, garantindo ao autor a justa retribuição de seu trabalho e um estímulo para fazê-lo prosseguir em suas atividades criativas.

Para Vieira Manso, o

> "contrato de edição é o paradigma dos contratos de concessão de direitos de reprodução da obra intelectual".

Através desse contrato autor e editor estabelecem um pacto cujo objetivo é divulgar e comercializar a obra. Para o bom resultado do acordo o autor confere ao editor a exclusividade da exploração de seu trabalho, e compromete-se, por um período determinado, segundo acordo das partes, a não conceder a outro o direito de exploração comercial desse trabalho.

Não poderia ser de outra forma. Uma das características da vida editorial é exatamente a exclusividade da edição, mesmo por tempo limitado, conceito que o artigo 53 fixa com clareza, estabelecendo quatro pontos fundamentais:

1) o editor obriga-se a reproduzir e divulgar a obra;
2) o autor concede ao editor ou produtor uma autorização para isso;
3) essa autorização é concedida "em caráter de exclusividade";
4) ela é válida pelo prazo convencionado.

Essas condições básicas é que dão estrutura para o contrato de edição. Elas fixam a relação obrigacional entre autor e editor em torno de um patrimônio, que é a obra, considerada, para fins de direito, como bem móvel. Há, pois, um patrimônio em jogo nesse contrato de edição. Patrimônio do autor, que é entregue ao editor para uma exploração temporária.

Esse patrimônio, por sua vez, é que vai constituir a base do movimento de uma editora, o "produto" com que ela trabalha e realiza seus objetivos. É o que muitos chamam de "Fundo Editorial", ou seja: a relação de obras que o editor tem em "estoque" e disponibiliza para o público.

Afora esse "Fundo Editorial", o patrimônio de uma editora resume-se, objetivamente, em suas instalações e, subjetivamente, em seu nome e prestígio comercial no mercado. Mas, fundamentalmente, é o "Fundo Editorial" que constitui o patrimônio de uma editora e, inclusive, a base de seu próprio valor para qualquer negociação. Ninguém compraria uma editora que não tivesse um "estoque" de títulos disponíveis para colocar no mercado.

Ora, a editora é um ente comercial, registrado como tal e como tal operando no mundo dos negócios. É uma pessoa jurídica.

A vida societária de uma editora pode sofrer alterações, o que é comum nos dias de hoje, com fusões, vendas de ações nas bolsas, participação internacional no mercado local e vice-versa. Há um constante fluir de interesses nesse mercado.

As modificações societárias implicam, objetivamente, alteração – não nos contratos – mas nas posições dos contratantes: o editor e os autores que constituem seu "Fundo Editorial". Uma das partes foi substituída na estrutura orgânica da empresa, o que pode afetar as relações contratuais e os próprios objetivos da avença inicial.

Presume-se que as modificações societárias sejam feitas sem afetar, pelo menos substancialmente, as relações entre editor e autor, inclusive porque as próprias leis consideram que a alteração societária gera um fenômeno de sucessão que não atinge os compromissos firmados e as obrigações contraídas. A pessoa jurídica tem vida independente. A alteração societária não *desobriga* as partes, nem direta nem indiretamente, caso contrário teríamos um verdadeiro caos nas relações comerciais. A estabilidade do comércio exige que a empresa, a pessoa jurídica, tenha vida independente de seus sócios ou acionistas. É um ente – uma ficção – que se move e atua no mundo das relações comerciais com luz própria. É o que estabelece, com muita clareza, o artigo 20 do Código Civil:

> "As pessoas jurídicas têm existência distinta da dos seus membros".

Ao instituir a pessoa jurídica, o legislador criou um ente próprio e a ele conferiu os atributos necessários a sua existência independente, separada, portanto, da figura pessoal dos sócios.

A alteração societária não "mata" a empresa nem dá início a uma nova entidade, liberta dos compromissos passados. Há uma linha de continuidade e, portanto, de cumprimento das obrigações.

Entretanto, se a nova situação societária significar mudança de rumos no mercado, na edição e distribuição das obras, e se isso representar prejuízo para o autor, evidentemente ele terá de tomar as medidas necessárias para acautelar seus interesses. Uma editora pode ser absorvida por outra – através de qualquer dos tantos processos comerciais existentes e juridicamente válidos – e mudar sua linha editorial em face de novos objetivos mercadológicos. Isso pode significar que alguns autores de determinados segmentos sejam, abruptamente, deixados de lado. Há, então, uma quebra na linha de atuação empresarial. A empresa é, tecnicamente, a mesma, mas seus objetivos mudaram. Ficou, é verdade, a "roupagem externa". Mas a essência da entidade mudou.

Nesse caso, pode verificar-se uma violação indireta do contrato. A obrigação de fazer não estará sendo cumprida e o artigo 53 estará sendo violado, pois ele estabelece que

> "mediante contrato de edição, o editor, obrigando-se a reproduzir e a divulgar a obra literária, artística ou científica, fica autorizado, em caráter de exclusividade, a publicá-la e a explorá-la pelo prazo e nas condições pactuadas com o autor".

Se a obra deixou de ser convenientemente explorada, houve violação contratual.

O autor terá direito de invocar o que foi pactuado para defender seus interesses, pois estaria diante de uma violação do contrato, agora desvirtuado das finalidades previamente avençadas. É o caso da não edição de obra objeto de contrato de edição, o que está previsto no artigo 62:

> "A obra deverá ser editada em dois anos da celebração do contrato, salvo prazo diverso estipulado em convenção.
> ***Parágrafo único*** – Não havendo edição da obra no prazo legal ou contratual, poderá ser rescindido o contrato, respondendo o editor por danos causados".

A mudança de planos editoriais pode afetar as obrigações contratuais, o que levará o editor a responder pelos danos causados.

Não se trata de uma hipótese. É algo que ocorre com freqüência. Na verdade, os negócios entre editores podem configurar uma verdadeira cessão do contrato de edição. Mudou a posição dos figurantes na relação.

Como bem disse Pontes de Miranda, a esse propósito,

> "o que se transfere não é o negócio jurídico, mas a posição do figurante do negócio jurídico".

Embora a empresa permaneça e continue suas atividades, mudaram as figuras em cena. Se os objetivos são alterados em prejuízo de uma das partes, esta pode reclamar seus direitos e a reparação dos danos causados.

No momento em que o autor concede exclusividade ao editor, isso implica uma alienação patrimonial, mesmo temporária. A contrapartida é a atividade de difusão e venda da obra. É a obrigação de "reproduzir e divulgar a obra literária, artística ou científica", o que, obviamente, deve ser feito com empenho tal que o autor não seja frustrado em seus interesses e expectativas.

Na hora em que se altera a razão societária do editor há uma transferência de obrigações que devem ser estritamente cumpridas em todos os sentidos, haja vista – para exemplificar – o que dispõe a legislação fiscal e trabalhista.

O autor, entretanto, sentindo-se prejudicado, pode opor-se a essa verdadeira cessão de seu contrato.

As alterações societárias, portanto, não alteram as obrigações entre as partes, a não ser que elas deixem de ser cumpridas pela nova empresa, agora cessionária de fato.

O autor, ao conceder exclusividade, abre mão do direito de procurar outro editor. Não pode, a rigor, ceder sua posição contratual isoladamente. Ele, autor, negociou um produto específico e único, que é sua obra. É evidente que, em certas circunstâncias – no caso, por exemplo, da obra esgotada ainda na vigência do contrato – é possível uma transferência da posição contratual pelo autor, mudando-se a figura do editor. O inverso, entretanto, é mais comum: o editor transferir sua posição, não apenas no caso de venda da própria editora, mas, inclusive, tendo em vista outros meios e formas de comunicação. Agora não se trata de uma alteração societária, mas de uma simples cessão de contrato. É um caso isolado, envolvendo apenas o contrato sem alteração societária da empresa editora.

Nesse sentido, o autor se encontra em desvantagem: ele não pode ceder sua posição, trocar de editor, pois isso equivaleria a romper a cláusula de exclusividade. Mas o editor, não tendo mais interesse na obra, pode ceder sua posição a outro, abrindo mão daquilo que o beneficia, que é a exclusividade.

Verifica-se uma clara cessão de contrato. E, nesse caso, é necessário considerar todos os fatores em jogo. A esse respeito diz Antônio da Silva Cabral:

> "Na cessão há que se considerar a figura do *cedente* (aquele que pretende sair da relação contratual), a posição do *cessionário* (aquele que ocupará o lugar do cedente) e a do *cedido* (aquele que permanece na relação contratual). Parece fora de dúvida que o consentimento dc cedido é essencial para que a cessão de contrato se realize. Isto porque a relação contratual estabelecida entre uma parte e outra não pode ser alterada no tocante a um sujeito que está num dos pólos dessa relação sem que a outra parte dê seu consentimento. Afinal, o contrato faz lei entre as partes, de modo que a modificação introduzida pela entrada de um obrigado, para ocupar a posição de outro, só poderá ocorrer mediante mútuo acordo". (*Cessão de Contratos*, pp.83-84)

Editor e autor, salvo convenção em contrário e no caso de alteração societária, não podem ceder suas posições contratuais sem anuência recíproca.

A volatilidade dos negócios no mundo de hoje atinge o meio editorial. Há uma grande concentração de empresas e capitais, através de fusões, novas sociedades, aquisições e outras formas que a vida comercial consagra e a legislação permite, o que determina, inclusive, mudanças de objetivos mercadológicos.

As peculiaridades do contrato de edição e a natureza do próprio produto objeto da proteção autoral recomendam que o problema da cessão de posições contratuais seja previsto de forma clara, resguardando interesses e prevenindo eventuais conflitos.

A Teoria da Imprevidência nos Contratos de Edição

O Estado intervém – e cada vez mais, em que pese as matusalênicas idéias ditas neoliberais – nos contratos, já que eles regem relações que afetam, não apenas indivíduos tomados isoladamente, mas grupos inteiros.

O contrato de adesão é um exemplo simples e claro. Ao comprar uma passagem de avião, o passageiro está firmando um contrato que vai além do simples ato de ir e vir, pois tem validade nacional e internacional, regendo-se por regras que emanam de convenções que o indivíduo não conhece e provavelmente jamais conhecerá.

Os contratos cobrem, dessa forma, amplos e cada vez mais largos setores de nossas vidas, envolvendo diversas formas de relações. As partes que se envolvem nessas relações, nem sempre são iguais no exercício da manifestação da vontade. Nesse caso, é óbvio, predomina na manifestação contratual o mais forte.

O pensamento básico, a idéia mestra do legislador, é proteger o homem comum contra a voracidade das grandes organizações que hoje cobrem o universo e ditam ordens ao mundo.

No Brasil, o *Código de Proteção e Defesa do Consumidor*, por exemplo, dedica um capítulo inteiro à proteção contratual, prescrevendo, inclusive, a nulidade de cláusulas que

> "estabeleçam obrigações consideradas iníquas, que coloquem o consumidor em desvantagem exagerada, ou sejam incompatíveis com a boa-fé e a eqüidade".

A própria situação econômica do consumidor é levada em consideração, quando o item III do artigo 51 determina a nulidade da cláusula que

> "se mostra excessivamente onerosa para o consumidor, considerando-se a natureza e conteúdo do contrato, o interesse das partes e outras circunstâncias peculiares ao caso".

Não se pode afastar a idéia básica de que o contrato faz lei entre as partes. Mas, de outro lado, não é menos verdade que a manifestação da vontade deve ser livre. E por livre entende-se, não a liberdade formal, mas a decisão tomada sem o império de circunstâncias que tolham ao indivíduo sua livre manifestação. Que liberdade de escolha tem um desempregado na hora de assinar um contrato de trabalho? Ou o passageiro que compra uma passagem cujas condições já estão previamente, e sem o seu conhecimento, estipuladas?

Nos dias de hoje, as relações contratuais sofrem limitações que procuram assegurar um mínimo de justiça e eqüidade às relações que envolvem o cidadão comum, geralmente em desvantagem ao contratar com grandes corporações.

As leis brasileiras não fazem referência específica à imprevidência nos contratos, mas, nem por isso, deixam de colocar freios, limites e condições que policiem a liberdade dos contratantes, especialmente tendo em vista a parte presumivelmente mais fraca.

O Código Civil, em seu artigo 85, estabele:

> "Nas declarações de vontade se atenderá mais à sua intenção que ao sentido literal da linguagem".

Pretende-se com isso – desde o início do século passado... – garantir que a intenção, a vontade, o desejo e, especialmente, a expectativa das partes está acima do próprio "sentido literal da linguagem".

Na situação contratual temos, de um lado, a intenção das partes e, de outro, as circunstâncias que cercam o momento em que o ato foi firmado, momento gerador das possibilidades que permitirão o cumprimento da avença quando ela, no futuro, se fizer exigível.

A esse respeito o prof. Antônio José de Souza Levenhagen, em seus *Comentários Didáticos ao Código Civil*, diz:

> "O ato jurídico é como que a exteriorização da vontade, e essa exteriorização se dá comumente pela palavra, pela escrita.
>
> Algumas vezes, porém, essa exteriorização não revela fielmente a vontade e, por isso, a lei determina que se atenda de preferência à intenção, desde que a isso se possa chegar pela interpretação, quando o modo de exprimir tenha sido imperfeito, obscuro ou cause indecisão".

O mestre, a seguir, faz uma ressalva da mais alta importância:

> "É preciso notar, todavia, que a lei manda *atender mais* à intenção, e não somente a esta. Desse modo, a interpretação deve conjugar as duas coisas: o sentido literal e a vontade ou intenção, com prevalência desta no caso de dúvida, e isso porque a parte essencial do ato jurídico é a vontade e a esta, portanto, desde que manifestada legalmente, é que o direito dá eficácia". (vol. I – p. 118)

O problema evoluiu e o legislador brasileiro avança na preocupação com os elementos que cercam o comportamento e a posição das partes no contrato. Tanto assim que a lei de Introdução ao Código Civil, em seu artigo 5º, precisa:

> "Na aplicação da lei, o juiz atenderá aos fins a que ela rege e às exigências do bem comum".

No caso, o bem comum é o equilíbrio das relações sociais, o restabelecimento da harmonia eventualmente rompida. Não é apenas o bem do indivíduo tomado isoladamente, mas observado em sua interação com a sociedade.

A lesão ao direito de uma pessoa pode significar, pelo exemplo, pela sua disseminação, um malefício a toda a sociedade. A lei, por isso mesmo, sendo geral, procura garantir a harmonia da sociedade toda.

É por isso que um contrato, firmado em determinadas circunstâncias, pode transformar-se num elemento perturbador da ordem jurídica, se as circunstâncias sofrerem modificações substanciais. O não-cumprimento da avença por decisão individual assemelha-se ao exercício das próprias razões e, no mínimo, pode levar à desmoralização do sistema, com graves prejuízos para a ordem jurídica.

É isso, precisamente, que levou os doutrinadores, ao longo do tempo, a criar o que hoje se caracteriza como a teoria da imprevidência.

O princípio original dos contratos firmava-se no conceito latino *pacta sunt servanda*, os pactos devem ser cumpridos como se foram lei, o que na realidade eles são. Só que a lei não pode ser aplicada aleatoriamente, pois cabe ao juiz interpretá-la segundo as circunstâncias do caso levado a sua presença. Não foi outro o papel do pretor romano. Não é outro o do juiz em nossos dias.

Surge, então, outro conceito para nortear os contratos: *rebus sic stantibus*, ou seja, enquanto persistirem as mesmas circunstâncias. O que foi estabelecido em determinadas condições pode, em situação diferente, ser inócuo e impraticável. Há, pois, que ajustar os termos às novas condições.

Darcy Bessone, em sua obra *Do Contrato – Teoria Geral* (p. 45), diz:

> "O legislador e o juiz, preocupados com os princípios insertos nos Códigos, procuram justificação para as afrontas que lhes fazem, invocando a eqüidade, as idéias de solidariedade, as teorias humanizadoras do Direito – a da lesão, a da imprevisão, a do abuso de direito, a do enriquecimento sem causa. É um trabalho constante de abrandamento do laço contratual, cada vez mais flexível, me-

> nos rígido. Os princípios tradicionais, individualistas e severos, sofrem freqüentes derrogações, em proveito da justiça contratual e da interdependência das relações entre os homens".

Na mesma obra, Darcy Bessone (p. 275) traça um resumo preciso da teoria da imprevisão, de suas origens até nossos dias.

A teoria da imprevisão surgiu nos séculos XIV e XV pela mão dos pós-glosadores e canonistas. Era um esforço para reparar as injustiças provocadas pela rigidez contratual.

O contrato, segundo os juristas medievos, pressupunha a regra *rebus sic stantibus,* que considera os fatos e a situação reinante na hora de seu cumprimento. Depois, certamente ao impacto do individualismo que caracterizou a sociedade pré-industrial e o advento da burguesia, a regra decaiu, impondo-se a vontade contratual absoluta: *pacta sunt servanda.*

Ao impacto de novas condições e do reposicionamento do direito ante os conflitos sociais, a idéia ressurge pela obra dos doutrinadores, consubstanciada no que veio a chamar-se "teoria da imprevidência".

As transformações da vida, impostas, às vezes brutalmente, por circunstâncias alheias à vontade dos contratantes, tornavam impossível o cumprimento das cláusulas contratuais básicas, criando um problema prático que exigia solução no âmbito da lei. Durante uma guerra, como cumprir obrigações cujo objeto básico havia desaparecido no fragor das batalhas?

Diz Darcy Bessone com muita propriedade:

> "Como a promessa é para ser cumprida no futuro, o promitente, ao se vincular, faz a representação mental dos efeitos com que conta. São efeitos então abstratos, que se concretizarão depois. Opera-se, por essa forma, a simples *determinação da vontade,* destinada a se traduzir em *atos de vontade* por ocasião da execução do prometido. Distingue-se, assim, a *vontade contratual,* ou vontade de obrigar-se, e a *vontade marginal,* isto é, a vontade de realizar a prestação, apenas determinada no momento da formação do contrato, mas cuja efetivação, por meio da prestação prometida, depende de uma atividade voluntária ulterior". (*Op. cit.*, p. 278)

Não há qualquer mudança na vontade contratual. Ocorre mudança, isto sim, na realidade, o que torna impossível o cumprimento da obrigação ajustada. Não se trata de um vício de consentimento, nem de percepção defeituosa. Longe disso! São fatores novos que alteram a realidade sem a participação ou a vontade dos contratantes. É algo acima de suas forças e além de suas possibilidades, sejam fatores oriundos da ordem natural ou decorrentes de disposições do poder público que, pela sua função de império, são aplicados de forma cogente. Trata-se de uma exceção dentro da regra geral.

Os contratos envolvendo direitos autorais não estão imunes a imprevidência. Há, também, nesse campo problemas que fogem à vontade, à previsão e à expectativa dos contratantes. Não poderia ser de outra forma.

Em alguns setores editoriais o poder público atua de forma decisiva, dispondo normas que, não raro, alteram a vida e o destino de uma obra. É o caso dos livros didáticos. Firma-se um contrato – e existem muitos nesse sentido – em que o editor garante ao autor um número predeterminado de exemplares por edição e assume o compromisso de pagar direitos autorais sobre esse número, cuja venda é certa. A obra repentinamente é retirada do currículo escolar por decisão do poder público. A tiragem prevista em contrato – digamos, de 100 mil exemplares – pode baixar para zero! O cumprimento dessa cláusula contratual ao longo do tempo poderia até mesmo levar o editor à ruína. A imprevisão tornou-se presente, pois um fator novo e acima da vontade dos contratantes modificou a realidade. O governo alterou o mercado.

Embora flexível na sua aplicação, o contrato não pode ser uma peça genérica. Ao contrário. Ele é, por sua natureza, específico em todos os sentidos e detalhado naquilo que representa a essência das obrigações. Seus termos partem de uma situação concreta presente e que deve se manter inalterada no futuro, pelo menos em suas premissas básicas.

A alteração da realidade equivale a uma alteração do próprio contrato. É aquilo que não se poderia prever e que torna impossível sua aplicação e cumprimento.

Instituto delicado, a imprevidência é um desafio constante para o julgador. Mas é algo que se insere, perfeitamente, na nossa tradição jurídica, onde a lei deve ser aplicada tendo em vista seus objetivos sociais e a busca do equilíbrio ditado pelo bom senso e a lógica.

Problemas em Relação ao Direito Moral de Arrependimento

O direito autoral é uma construção jurídica que vem se consolidando nos últimos tempos. Entre suas características especiais e peculiares encontra-se um elenco de dispositivos qualificados como "direitos morais". Eles constituem a essência dos direitos do autor sobre sua obra e a garantia de sua imutabilidade. Como disse Carlos Alberto Bittar,

> "os direitos morais são os vínculos perenes que unem o criador à sua obra, para realização da defesa de sua personalidade".

Trata-se de um direito inerente ao autor, portanto irrenunciável e inalienável. É algo que não pode ser vendido ou cedido, nem ser objeto de contrato, nem ser embargado ou expropriado.

Significa, para o autor, que a obra, em qualquer circunstância, continuará como sua expressão criativa, razão pela qual a lei enumera esses direitos e, inclusive, prevê sua forma de sucessão, atribuindo, em relação a eles, obrigações aos herdeiros.

Entre os direitos morais, há um que, pelo seu aspecto peculiar, desperta interesse e, não raro, perplexidade. É aquele que diz respeito ao que se convencionou chamar de "direito de arrependimento".

O artigo 24 da lei autoral brasileira diz que são direitos morais do autor, entre outros:

> "(...) VI – O de retirar de circulação a obra ou de suspender qualquer forma de utilização já autorizada, quando a circulação ou utilização implicarem afronta à sua reputação e imagem;"

Esse item confere ao autor uma faculdade extraordinária e um poder de ação enorme, pois ele pode, simplesmente, retirar sua obra de circulação ou utilização, desde que ela ofenda sua reputação ou imagem.

São dois conceitos vagos e extremamente amplos.

Essa amplitude conceitual levou o legislador a estabelecer determinados limites ao direito de retirada da obra. O parágrafo 3º desse artigo estabelece que se ressalvam "as prévias indenizações a terceiros, quando couberem".

Mas isso, que é perfeitamente compreensível, não minimiza o direito de arrependimento, que o autor pode exercer a qualquer momento, por sua livre vontade.

Os prejudicados, entretanto, deverão ser indenizados, o que deve ser feito previamente, mas quando tal indenização couber, o que, certamente, demandará acordo entre as partes ou, então, o recurso à justiça.

O fato de um autor arrepender-se de sua obra não está no reino da fantasia.

É algo que pode acontecer. Como diz o prof. José de Oliveira Ascensão,

> "pode o autor, a certa altura, passar a considerar negativamente a difusão da obra – por alteração de concepções éticas, ou de concepções estéticas, ou por qualquer outra razão pessoal".

O problema, pois, tem aplicação maior do que possa parecer à primeira vista. O prof. Bruno Jorge Hammes, a esse respeito, afirma:

> "Publicada e divulgada a obra, pode haver interesse do autor em não mais permitir a sua ulterior divulgação. Assiste-lhe o direito de retirá-la de circulação. Os motivos podem ser os mais diversos. Talvez a obra não corresponda mais ao modo de pensar do autor em virtude de formação ulterior. Não é preciso que o autor indique as razões de seu arrependimento. Isso se justifica pela experiência histórica. É comum nos regimes ditatoriais a perseguição dos escritores que não comungam com a cartilha do regime. São muitos os autores que manifestam opiniões que, após um golpe, são tidas como contrárias ao regime".

Exemplifica:

> "No Brasil, houve muitos estudantes ou políticos que, algum dia, participaram de manifestações públicas, e que, depois de um golpe, foram acusados e perseguidos por subversão, quinta coluna e outras. Imagine-se que um des-

ses escreveu um livro, ou realizou um filme e começa a ser perseguido pelo novo regime. O editor do livro ou o proprietário do filme tem estoque a ser distribuído, e pensa ter direito a isso em virtude de contrato. O regime proíbe a divulgação, mas o editor sabe que a obra proibida se vende até melhor. Deverá o autor continuar a ser perseguido e suportar a ulterior divulgação só pelo fato de haver o contrato que favoreça o editor? Muito antes de Hitler mandar matar os judeus mandou queimar os livros destes. Por esses motivos o direito de arrependimento pode ser exercido sem indicação dos motivos".

Nesse trecho, além de fixar com clareza o problema do arrependimento, o prof. Bruno Hammes faz uma referência interessante a filmes. A importância dessa referência reside no fato de que comumente – e mesmo por certas expressões utilizadas pelo legislador – o problema do arrependimento se liga apenas ao livro. Na verdade, ele abrange todo o espectro das obras de criação.

Mais adiante, referindo-se a indenização a terceiros, Bruno Hammes acentua:

> "A nossa lei prevê, nesse caso, e no caso da modificação, uma indenização congruente dos investimentos feitos pelo editor. Na Alemanha, os tribunais têm até dispensado o autor dessa obrigação, quando este não tinha recursos para pagá-la. Não é por ser pobre que o autor deve continuar sujeito a sofrimentos e perseguições". (*O Direito da Propriedade Intelectual*, p. 63)

A indenização é, realmente, algo que pode impedir a aplicação desse preceito. É claro que o valor da indenização dependerá de pronunciamento da justiça, que poderá minimizá-la diante da eventual gravidade do problema que leva o autor a exercer o direito de retirar sua obra do mercado. O arrependimento é uma decisão grave. Em certo sentido, o autor abandona um pedaço de si mesmo. Rompe uma ligação com o público. Por isso, o aspecto indenizatório deve ser examinado com extremo cuidado para não se transformar numa negação do que a lei permite.

Aliás, nesse sentido, o ordenamento jurídico brasileiro considera a partir da própria Constituição Federal, a situação daquele que não tem recursos para acionar a justiça. Lei específica concede proteção e assistência aos necessitados.

O parágrafo primeiro do artigo 2º da lei 1.060 declara:

"Considera-se necessitado, para os fins legais, todo aquele cuja situação econômica não lhe permita pagar as custas do processo e os honorários de advogado, sem prejuízo do sustento próprio ou da família".

É evidente que, se a situação econômica não permite ao autor arrependido pagar as custas de um processo, pressupõe-se que o mesmo não terá recursos também para cobrir a indenização, caso a isso seja condenado.

Não obstante esses problemas para a aplicação prática do dispositivo, o autor tem assegurado, pela lei, o direito de retirar sua obra do mercado, direito que se extende ao diretor de obra audiovisual.

Com efeito, o artigo 25 da lei 9.610, estabelece:

"Cabe exclusivamente ao diretor o exercício dos direitos morais sobre obra audiovisual".

Isso, evidentemente, se refere a uma obra audiovisual considerada como um todo e não às diferentes participações individuais.

Os direitos conexos cobrem um vasto setor de atividades. Embora seja tecnicamente pouco precisa e mesmo desnecessária, a expressão "direitos conexos" está consagrada, inclusive pela OMPI – Organização Mundial da Propriedade Intelectual – que assim a define em seu *Glossário de Direitos do Autor e Direitos Conexos*:

"... entende-se geralmente que se tratam de direitos concedidos em um número crescente de países para proteger os interesses dos artistas intérpretes e executantes (...)"

Portanto, artistas intérpretes e executantes são titulares de direitos autorais, inclusive por força do artigo 89 da nossa lei, que edita:

"As normas relativas aos direitos de autor aplicam-se, no que couber, aos direitos dos artistas intérpretes ou executantes, dos produtores fonográficos e das empresas de radiodifusão".

Mais adiante o artigo 90 informa:

> "Tem o artista intérprete ou executante o direito exclusivo de, a título oneroso ou gratuito, autorizar ou proibir:
>
> I – a fixação de suas interpretações ou execuções;
> II – a reprodução, a execução pública e a locação de suas interpretações ou execuções fixadas;
> III – a radiodifusão das suas interpretações ou execuções, fixadas ou não;
> IV – a colocação à disposição do público de suas interpretações ou execuções, de maneira que qualquer pessoa a elas possa ter acesso, no tempo e no lugar que individualmente escolherem;
> V – qualquer outra modalidade de utilização de suas interpretações ou execuções.
>
> §1º – Quando na interpretação ou na execução participarem vários artistas, seus direitos serão exercidos pelo diretor do conjunto;
> §2º – A proteção aos artistas intérpretes ou executantes estende-se à reprodução da voz e da imagem, quando associadas às suas atuações."

Verifica-se que o legislador concede ao artista intérprete e executante os mesmos direitos do autor, como se autor fosse, o que na realidade ele é. Tem, portanto, direitos patrimoniais e morais, mesmo no caso do parágrafo 1º desse artigo que se refere ao exercício do direito por grupos de artistas:

> §1º – Quando na interpretação ou na execução participarem vários artistas, seus direitos serão exercidos pelo diretor do conjunto;

Trata-se aqui de uma questão prática: há necessidade de um cabecilha para gerir os direitos em nome do grupo, o que não exclui nem limita tais direitos.

Um artista intérprete pode, e com dobradas razões, arrepender-se de sua atuação, em face de alguma nova realidade que, eventualmente, prejudique seus interesses e sua própria honra.

Não são poucos os artistas que, em início de carreira, às vezes interpretam pequenos papéis, inclusive de moralidade duvidosa segundo determinados princípios. Passado algum tempo, sob novo prisma, isso pode prejudicar sua atividade e tolher seu desenvolvimento profissional ou até sua vida particular. É comum o arrependimento de jovens que, seminuas – e até nuas –, aparecem em determinadas cenas de filmes. Posteriormente, bafejadas pelo sucesso ou mesmo constituindo família, não queiram mais ver seus corpos expostos nas telas.

Apesar de tudo isso, a lei, nesse particular, restringe injusta e contraditoriamente os direitos morais de artistas intérpretes, negando-lhes a faculdade do arrependimento. O artigo 92 apenas ressalva a paternidade e integridade da obra:

> "**Art. 92** – Aos intérpretes cabem os direitos morais de integridade e paternidade de suas apresentações, sem prejuízo da redução, compactação, edição ou dublagem da obra de que tenham participado, sob a responsabilidade do produtor, que não poderá desfigurar a interpretação do artista".

Trata-se de uma redução discriminatória no elenco dos direitos morais do autor.

O direito de arrependimento tem uma razão ética da maior importância. O autor, o artista intérprete ou executante, mantém com o público uma relação pessoal extremamente particularizada. Ele não é um "produto" comum, que possa ser substituído, trocado ou descartado. É uma alma que transmite emoções. Os direitos morais estão, por isso mesmo, vinculados à personalidade do artista criador, ou intérprete, da obra de arte e engenho. Não podem ser mutilados ou minimizados. No caso, a lei ignorou o princípio elementar da igualdade, da isonomia, negando a uns exatamente aquilo que concedeu a outros.

Não se ignora o que significa retirar uma obra do mercado, mormente quando ela representa investimentos grandes, como é o caso do setor audiovisual. Mas isso não é razão para que direitos sejam negados. Os direitos do cidadão não têm preço.

O artista, intérprete e executante deve ter também o direito de arrependimento e não só o diretor da obra audiovisual.

As mesmas razões políticas, sociais ou éticas que levam o autor a arrepender-se da obra podem afetar os artistas intérpretes ou executantes.

É algo que, se a legislação não corrigir no devido tempo, a vida o fará através da interpretação realista dos julgadores.

IV

Programas de computador – a lei 9.609

Natureza jurídica

A proteção e o direito autoral

Os contratos e seu caráter

Os direitos econômicos e a lei antitruste

Os direitos do consumidor e o papel do Estado

As sanções e sua aplicabilidade

Na mesma data em que foi promulgada a lei de direitos autorais foi, também, editada a lei 9.609, dispondo "sobre a proteção da propriedade intelectual de programas de computador", que o legislador considerou como obra de criação.

As duas leis interligam-se pela natureza do objeto legal, o que é feito em duas referências. O artigo 7º da lei 9.610, em seu item XII, declara que são obras intelectuais protegidas "os programas de computador". E mais adiante, no parágrafo 1º desse mesmo artigo, lê-se:

> "Os programas de computador são objeto de legislação específica, observadas as disposições desta lei que lhes sejam aplicáveis".

Já a lei 9.609, conhecida simplesmente como "lei do *Software*", estabelece em seu artigo 2º:

> "O regime de proteção à propriedade intelectual de programa de computador é o conferido às obras literárias pela legislação de direitos autorais e conexos vigentes no país, observado o disposto nesta lei".

O Brasil, portanto, confere aos programas de computador proteção autoral idêntica à que concede aos autores de obras literárias.

Essa proteção decorre de dois estatutos legais e das convenções internacionais de que o Brasil é signatário, especialmente o chamado acordo TRIPS – "Acordo sobre aspectos dos Direitos de Propriedade Intelectual Relacionados ao Comércio".

Assinado em abril de 1994, o acordo TRIPS acabou por determinar a própria lei 9.609.

O que há de peculiar nesse acordo, e na própria lei 9.610, é o abandono dos direitos morais, já incorporado à tradição jurídica brasileira. Não havia necessidade disso, pois o próprio acordo TRIPS faculta aos signatários a manutenção dos termos da Convenção de Berna.

A lei 9.609 define o que é um programa de computador. Mas o fez, infelizmente, sem o rigor técnico e científico desejado.

Deise Fabiana Lange, em seu trabalho *O Impacto da Tecnologia Digital Sobre o Direito de Autor e Conexos*, define com mais precisão e simplicidade o que é *software*:

> "O *software* nada mais é do que um conjunto de instruções que, quando processadas pelo computador, mostram qual o caminho a ser percorrido para a execução de determinada tarefa ou resultado". (p. 63)

Mas o programa de computador nem sempre é um produto pronto e acabado. Diz Deise Fabiana Lange:

> "existem vários tipos de programas no mercado. Pode-se classificá-los em prontos e semiprontos. Os prontos têm uma *tarefa específica e o usuário somente insere dados, faz consultas e recebe respostas,* trata-se de programas desenvolvidos ou escritos através das linguagens de programação de alto nível com aplicação profissional. Os semiprontos, ao contrário, possuem uma *tarefa bastante ampla, e é o usuário quem escolhe as tarefas que pretende executar,* podendo *processar textos, fazer cálculos* e *gerenciar informações.* São o que se denomina de *aplicativos* ou linguagem de quarta geração". (*Op. cit.*, p. 64)

A importância da definição correta do que seja um programa de computador reside, principalmente, no destino da relação contratual entre o autor do programa e o usuário, aquilo que ele comprou e os limites da sua utilização.

A relação entre o produto e o usuário da obra de criação é importante, de um lado para preservar o direito autoral e, de outro, para garantir uma utilização plena do consumidor que adquiriu o produto.

As obras de arte, de um modo geral, têm uma finalidade que se esgota nelas mesmas: o livro, o quadro, a estátua, o disco, a peça de teatro, a produção audiovisual. É algo do espírito para o deleite e o prazer do espírito.

Já o programa de computador é obra criativa para fins legais, mas que se destina a permitir uma atividade profissional, seja pessoal ou empresarial. Está mais próximo do produto industrial.

É claro que quem compra um livro pode reclamar, e mesmo devolvê-lo se verificar falhas materiais que o tornem inapto ao que se destina. Uma peça de teatro que não agrade, um filme fraco, uma novela, um concerto – terão o destino que a crítica e a opinião pública lhes derem: aplauso ou vaia; sucesso ou fracasso.

Já um programa de computador é diferente. Ninguém vai aplaudi-lo ou criticá-lo como obra de arte... Embora inserido no rol das obras de criação, é um produto destinado a trabalho e deve, portanto, corresponder à expectativa do consumidor, respondendo o autor – pessoa física ou jurídica – pela sua qualidade, numa relação contratual protegida pelas leis brasileiras, inclusive pelo Código de Defesa do Consumidor.

A lei, no caso, não protege apenas a integridade da obra contra eventuais violações, mas protege, também, o consumidor contra falhas do produto.

O fato de ser considerado como obra de criação, com destino próprio e específico, não confere a seu titular isenção das obrigações que ele tem para com o consumidor.

Enquanto nas obras de criação, de um modo geral, tais obrigações são tênues e inespecíficas, no caso dos programas de computador elas são claras e específicas.

O Registro da Obra e a Responsabilidade do Autor

Como ocorre com as obras intelectuais em geral, os programas de computador independem de registro. Trata-se de uma garantia que se insere na liberdade de expressão.

O programa de computador, considerado obra de criação para fins legais, não pode sujeitar-se a controles que, eventualmente, sobreponham o Estado – os governantes – ao seu criador.

O parágrafo 3º do artigo 2º da lei 9.609 estabelece:

> "A proteção aos direitos de que trata esta lei independe de registro".

Mas, no caso de registro, é necessário um elenco de informações que a lei estipula no parágrafo 1º do artigo 3º:

> "O pedido de registro estabelecido neste artigo deverá conter, pelo menos, as seguintes informações:
>
> I – os dados referentes ao autor do programa de computador e ao titular, se distinto do autor, sejam pessoas físicas ou jurídicas;
>
> II – a identificação e descrição funcional do programa de computador;
>
> III – os trechos do programa e outros dados que se considerar suficientes para identificá-lo e caracterizar sua originalidade, ressalvando-se os direitos de terceiros e a responsabilidade do Governo".

O registro não é obrigatório. Mas a identificação do produto é importante nos contratos de licença. Como são contratos de adesão, nos quais a manifestação de vontade de uma das partes – o usuário – é nula, o mínimo que se pode exigir é que o produto seja claramente identificado. O usuário tem o direito de saber o que está comprando. O artigo 31 do Código de Defesa do Consumidor estabelece que:

> "A oferta e apresentação de produtos ou serviços devem assegurar informações corretas, claras, precisas, ostensivas e em língua portuguesa sobre suas características, qualidades, quantidade, composição, preço, garantia, prazos de validade e origem, entre outros dados, bem como sobre os riscos que apresentem à saúde e segurança dos consumidores".

Portanto, o programa de computador, sendo um produto comercial, mesmo sob o manto ficto da criação intelectual, não está imune e nem acima de responsabilidades junto ao consumidor.

A autoria do produto e sua caracterização legal não isenta o criador, pessoa física ou jurídica, de suas responsabilidades claramente definidas em lei.

Limitações aos Direitos do Autor

O direito autoral sempre conviveu com limitações ditadas pelo interesse social. A lei 9.610 as relaciona, em seu artigo 46 – isso ocorre, também, com a lei 9.609.

Essas derrogações encontram justificativa no interesse social. Eduardo Vieira Manso, a esse propósito, diz:

> "O interesse público que há sobre e por toda a obra intelectual é que fundamenta a extensão das prerrogativas próprias de seu autor, a quem são atribuídos direitos que lhe possibilitam, a um só tempo, extrair desse bem todo o proveito econômico a que possa dar causa, e zelar pela sua inteireza e pela manutenção de suas peculiaridades, a fim de resguardar o seu valor intelectual, e, pois, preservar o bem cultural (bom ou mal, é indiferente), conforme a pessoal concepção do próprio autor".

É de interesse público garantir as prerrogativas do autor. Não há dúvida. Mas, também, não há dúvida que o interesse público impõe ressalvas e limitações a esse direito, nas palavras claras do saudoso Eduardo Vieira Manso:

> "Esse mesmo interesse público, de outro lado, fundamenta e justifica as ressalvas, as exceções que se impõem aos autores quanto a determinados usos – inclusive para fins econômicos – de sua obra, para permitir e possibilitar que ela efetivamente cumpra o seu papel cultural e realize sua função social. São exceções que se impõem, ao exercício do Direito Autoral, limitando-o". (*Op. cit.*, pp. 24-25)

Há dois aspectos, aparentemente contraditórios, mas que se complementam no interesse social: o direito do autor e as limitações a esse direito.

No momento em que o legislador considerou o programa de computador como obra de criação inserida no direito autoral, teve presente, também, as limitações, o que veio a consagrar, embora timidamente, no artigo 6º da lei 9.609, que estabelece:

> "Não constituem ofensa aos direitos do titular de programa de computador:

> I – a reprodução, em um só exemplar, de cópia legitimamente adquirida, desde que se destine à cópia de salvaguarda ou armazenamento eletrônico, hipótese em que o exemplar original servirá de salvaguarda;
> II – a citação parcial do programa, para fins didáticos, desde que identificados o programa e o titular dos direitos respectivos;
> III – a ocorrência de semelhança de programa a outro, preexistente, quando se der por força das características funcionais de sua aplicação, da observância de preceitos normativos e técnicos, ou de limitação de forma alternativa para a sua expressão;
> IV – a integração de um programa, mantendo-se suas características essenciais, a um sistema aplicativo ou operacional, tecnicamente indispensável às necessidades do usuário, desde que para o uso exclusivo de quem a promoveu".

Como sempre ocorre, as exceções constituem elementos de dúvidas e controvérsias, especialmente porque não é fácil estabelecer seus justos limites.

Há, no caso, dois princípios básicos. Em primeiro lugar, há que resguardar os direitos do autor. Mas, em segundo lugar, essa garantia não pode ser tão ampla e definitiva que constitua um ônus insuportável para o usuário. Isto se torna mais importante ainda quando se sabe que o programa de computador não é um produto artesanal. Não é um livro, um quadro, uma escultura, uma composição musical, trabalhos isolados de um artista que, solitário, produz sua obra, valendo-se, quando muito, de pesquisas e informações. A própria produção científica, mesmo dispondo de largos recursos corporativos, tem essa característica individual.

Já o *software* é produzido por grandes companhias, poderosas corporações que, não raro, ditam as ordens e estabelecem comportamentos no mundo. A lei, no caso, não estaria protegendo o autor individual e sua obra, mas a grande corporação, cujas ações dominam Bolsas e agitam a economia do mundo.

O Estado moderno intervém – pelo menos teoricamente – para proteger o cidadão desamparado em face dos grandes conglomerados econômicos. É uma função histórica ditada pela própria modernidade.

A legislação brasileira do *Software* nesse caso foi tímida.

Mesmo assim, o artigo 6º da lei impõe algumas limitações que é necessário considerar.

O item primeiro explica-se por uma necessidade elementar de segurança: é a cópia-arquivo.

Mas o item dois fala em citação. O que vem a ser uma citação de programa de computador?

Citação tem um conceito claro: é a reprodução de um trecho de obra preexistente em obra maior. Não é uma obra nova. Não é uma substituição. É simplesmente um ponto de apoio que, desaparecendo, não afeta a obra maior, que continua existindo com vida e luz próprias.

Temos pois que a lei permite a citação de um programa de computador para fins didáticos.

Quando uma obra é citada ela não é citada *em si*, para sua própria explicação, mas para explicação da matéria a que se refere. É um instrumento. O programa de computador, por definição da própria lei,

> "é a expressão de um conjunto organizado de instruções em linguagem natural ou codificada, contida em suporte físico de qualquer natureza, de emprego necessário em máquinas automáticas de tratamento da informação, dispositivos, instrumentos ou equipamentos periféricos, baseados em técnica digital ou análoga, para fazê-los funcionar de modo e para fins determinados".

Portanto, o programa de computador é um conjunto de instruções para emprego em máquinas, que são os computadores.

Nesse caso, a citação deve estar integrada em outro programa para uso em "máquinas automáticas de tratamento da informação". Significa dizer que a lei permite o aproveitamento de um trecho de um programa de computador como citação, para fins didáticos, ou seja, fora de comércio e destinado à educação.

A citação de um livro é utilizada para ilustração da matéria em geral e não do próprio livro. O mesmo é válido para um programa de computador. Cita-se um trecho para demonstrar a funcionalidade do todo, já que ele – o programa – é um conjunto de instruções, cuja utilização tem por objetivo fazer com que as máquinas funcionem "de modo e para fins desejados".

Nesse caso, a citação não constitui crime.

No que diz respeito à semelhança, o item é óbvio. As semelhanças em obras criativas sempre constituíram um problema sério, habitando zona cinzenta, de difícil juízo e apreciação. O próprio conhecimento acumulado de um autor pode levá-lo à prática de expressões parecidas, sem a intencionalidade do plágio. A experiência demonstra que num programa de computador pode ocorrer o mesmo.

O item IV do artigo 6º trata da integração de um sistema em outro sistema. Nesse caso, quando um programa é aproveitado ou utilizado num "sistema aplicativo ou operacional, tecnicamente indispensável às necessidades do usuário", não constitui ofensa aos direitos do autor.

A delimitação é clara: o uso não autorizado de um programa de computador lesa os direitos de seu autor. Mas, a integração desse mesmo programa num sistema aplicativo ou operacional, "desde que para o uso exclusivo de quem o promoveu", não constitui ofensa aos direitos do autor.

Portanto, na prática, não basta a acusação pura e simples de contrafacção ou pirataria. Impõe-se a perícia técnica, o exame profissional, para que o delito seja devidamente caracterizado e as sanções aplicadas.

O artigo 6º da lei 9.609, embora tímido, elenca aspectos importantes na limitação dos direitos autorais, o que deve ser levado em conta por autores e usuários, evitando-se abusos de um lado e de outro.

O direito autoral sempre teve limites. Tais limites constituem uma construção jurídica harmoniosa e socialmente necessária. Aliás, a base e o objetivo da lei é, justamente, manter a harmonia social. Para que o direito autoral seja respeitado é necessário que ele se situe no âmbito e nos limites do interesse social.

O Usuário dos Programas de Computador: Garantias

Como produto, o programa de computador não pode afastar-se das relações com o consumidor. Há uma diferença marcante no caráter dessa propriedade intelectual, tanto assim que a lei reconhece os direitos do empregador sobre o *software,* ao contrário do que ocorre com outras obras de criação. Com efeito, o artigo 4º da lei 9.609 estabelece o seguinte:

> "Salvo estipulação em contrário, pertencerão exclusivamente ao empregador, contratante de serviços ou órgão público, os direitos relativos ao programa de computador, desenvolvido e elaborado durante a vigência de contrato ou de vínculo estatutário, expressamente destinado à pesquisa e desenvolvimento, ou em que a atividade do empregado, contratado de serviço ou servidor seja prevista, ou ainda, que decorra da própria natureza dos encargos concernentes a esses vínculos".

E no parágrafo 1º desse artigo a lei declara que

> "ressalvado ajuste em contrário, a compensação do trabalho ou serviço prestado limitar-se-á à remuneração ou ao salário convencionado".

Portanto, o empregador pode ser, em função do trabalho realizado pelo empregado, o titular dos direitos autorais sobre programas de computador.

Entende-se, pela lógica do próprio texto, que essa propriedade tem fins comerciais, o que, aliás, decorre de toda a lei.

Ora, no momento em que o produto é colocado no comércio surge uma nova relação no mercado, estabelecendo-se vínculos e responsabilidades recíprocas, o que vem a ser estabelecido no artigo 7º do capítulo que se refere às "garantias aos usuários de programas de computador".

A lei, embora modesta no estabelecimento de garantias ao usuário, não deixa de considerar seus direitos:

> "***Art. 7º*** – O contrato de licença de uso de programa de computador, o documento fiscal correspondente, os suportes físicos do programa ou as respectivas embalagens deverão consignar, de forma facilmente legível pelo usuário, o prazo de validade técnica da versão comercializada.
> ***Art. 8º*** – Aquele que comercializar programa de computador, quer seja titular dos direitos do programa, quer seja titular dos direitos de comercialização, fica obrigado, no

> território nacional, durante o prazo de validade técnica da respectiva versão, a assegurar aos respectivos usuários a prestação de serviços técnicos complementares relativos ao adequado funcionamento do programa, consideradas as suas especificações.
> ***Parágrafo único*** – A obrigação persistirá no caso de retirada de circulação comercial do programa de computador durante o prazo de validade, salvo justa indenização de eventuais prejuízos causados a terceiros".

Esses dois artigos e seu parágrafo são interessantes.

Sendo um produto colocado no mercado, o programa de computador deve ser objeto de um contrato de licença. Inexistindo esse contrato, vale como tal a própria nota fiscal de fornecimento. E tudo aquilo que identifica o produto – o suporte físico, o local em que ele se insere, a própria embalagem, deve consignar o prazo de validade do produto. É uma obrigação decorrente da própria lei.

A violação desse preceito coloca o produto à margem da proteção legal. Como proteger algo sem que ele consigne, nos termos da lei, o seu próprio prazo de validade? Vencido o prazo, ou mesmo sem prazo algum, ele continua válido? Se o prazo dessa validade técnica que a lei impõe é ignorado, qual é a garantia que o consumidor tem em relação ao produto?

É verdade que o direito autoral sobre programa de computador perdura por 50 anos, nos termos do parágrafo 2º do artigo 2º da lei de *Software*:

> "Fica assegurada a tutela dos direitos relativos a programa de computador pelo prazo de cinqüenta anos, contados a partir de 1º de janeiro do ano subseqüente ao da sua publicação ou, na ausência desta, da sua criação".

O autor tem seus direitos assegurados por cinqüenta anos. Durante esse período só ele pode autorizar o uso, o gozo, a fruição, de seu trabalho, de sua criação. É ponto pacífico. Mas a comercialização do programa está sujeita às regras estabelecidas pela mesma lei que lhe concede tal proteção. E um dos itens básicos é a informação clara e precisa do prazo de validade do programa, que deve constar até mesmo em sua embalagem.

Essa informação vai embasar a garantia do consumidor à assistência técnica, que o autor, titular ou quem comercializa o programa é obrigado a prestar ao usuário, nos termos do artigo 8º.

Essa assistência técnica deve ser efetiva e, evidentemente, ao alcance do usuário. Não basta indicá-la num folheto. Deve ser algo acessível, seja pela sua localização física, seja pelo preço cobrado. É óbvio que, num país como o Brasil, o usuário não poderá deslocar-se de uma localidade distante para um centro maior em busca da assistência técnica. A obrigação do fornecedor decorre de dispositivo legal que por ele deve ser cumprido.

Não se trata, portanto, de um monopólio irrestrito do titular e sem obrigações. Não basta, simplesmente, colocar o produto no mercado e, depois, esquecê-lo, abandonando o usuário à sua própria sorte, o que acontece com muita freqüência. A natureza do programa de computador, não raro, deixa o usuário sem o serviço esperado e sem a assistência desejada. O usuário, nesse caso, pode recorrer à justiça e obter a satisfação desejada e a reparação do mau produto. O artigo 12 da lei 8.078, que é o Código de Proteção e Defesa do Consumidor, diz:

> "O fabricante, o produtor, o construtor, nacional ou estrangeiro, e o importador respondem, independentemente da existência de culpa, pela reparação dos danos causados aos consumidores por defeitos decorrentes de projeto, fabricação, construção, montagem, fórmulas, manipulação, apresentação ou acondicionamento de seus produtos, bem como por informações insuficientes ou inadequadas sobre sua utilização e riscos".

A lei não deixa qualquer dúvida: aquele que fornece um programa de computador é responsável pelo seu bom funcionamento. Não há como fugir dessa responsabilidade, seja sob que alegação for.

O usuário tem pleno direito de reclamar pelos eventuais vícios do produto. No caso dos programas de computador há questões muito interessantes em face do Código de Defesa do Consumidor. Uma delas é o prazo de decadência do direito de reclamar, o que está consignado no artigo 26, que edita:

> "O direito de reclamar pelos vícios aparentes ou de fácil constatação caduca em:

I – 30 (trinta) dias, tratando-se de fornecimento de serviço e de produto não duráveis;

II – 90 (noventa) dias, tratando-se de fornecimento de serviço e de produto duráveis.

§1º – Inicia-se a contagem do prazo decadencial a partir da entrega efetiva do produto ou do término da execução dos serviços.

§2º – Obstam à decadência:

I – a reclamação comprovadamente formulada pelo consumidor perante o fornecedor de produtos e serviços até a resposta negativa correspondente, que deve ser transmitida de forma inequívoca;

III – a instauração de inquérito civil, até seu encerramento.

§3º – Tratando-se de vício oculto, o prazo decadencial inicia-se no momento em que ficar evidenciado o defeito".

No caso de programas de computador, o parágrafo 3º desse artigo do Código de Defesa do Consumidor é muito importante. Se o vício está oculto – o que é comum em produtos sofisticados – o prazo de decadência do direito de reclamar só desaparece quando o defeito for constatado. Nesse caso vigora o artigo seguinte que trata da prescrição e diz:

"***Art. 27*** – Prescreve em 5 (cinco) anos a pretensão à reparação pelos danos causados por fato do produto ou do serviço prevista na Seção II deste Capítulo, iniciando-se a contagem do prazo a partir do conhecimento do dano e de sua autoria".

Portanto, de um programa de computador que contenha vício oculto se poderá reclamar quando este se apresente, "no momento – como diz a lei – em que ficar evidenciado o defeito".

A tecnologia moderna tem uma face curiosa: é de fácil manejo e difícil compreensão. É uma situação que, não raro, deixa o usuário perplexo e à mercê do fornecedor, que encontra meios de fugir a suas responsabilidades legais.

O Código de Defesa do Consumidor, entretanto, foi editado exatamente com esta finalidade: proteger a parte mais fraca nessa relação comercial, como se vê no artigo 4º:

> "A Política Nacional de Relações de Consumo tem por objetivo o atendimento das necessidades dos consumidores, o respeito a sua dignidade, saúde e segurança, a proteção de seus interesses econômicos, a melhoria da sua qualidade de vida, bem como a transferência e harmonia das relações de consumo.(...)"

E a seguir o item I desse artigo declara com muita ênfase e clareza o seguinte:

> "I – reconhecimento da vulnerabilidade do consumidor no mercado de consumo;"

Essa vulnerabilidade, que impõe deveres ao Estado e direitos aos consumidores, está presente nas relações entre o usuário e – especialmente – as grandes corporações fornecedoras de serviços e produtos, entre os quais se inclui o programa de computador.

De um lado, pois, temos o direito autoral sobre o programa de computador, inviolável e que deve ser respeitado nos termos da lei. Mas, de outro lado, temos os direitos do consumidor, que devem ser tutelados pelo Estado.

Não por acaso o Código de Defesa do Consumidor estabelece a própria desconsideração da personalidade jurídica:

> "***Art. 28*** – O juiz poderá desconsiderar a personalidade jurídica da sociedade quando, em detrimento do consumidor, houver abuso de direito, excesso de poder, infração da lei, fato ou ato ilícito ou violação dos estatutos ou contrato social."

Isso significa que a responsabilidade passa, direta e objetivamente, para aquele que está vendendo ou fornecendo o produto e que não se poderá ocultar sob a fachada confortável de uma ficção que se chama "pessoa jurídica", muitas vezes geograficamente distante e praticamente inatingível.

Vulnerável diante das grandes corporações, o consumidor tem o amparo da lei e o recurso da justiça para defender seus direitos. Não lhe compete, tampouco, o ônus da prova. Há, no caso, uma sábia inversão: cabe ao fabricante provar que seu produto funciona e corresponde às expectativas do mercado, condenando-se as práticas abusivas que possam prejudicar o consumidor.

Os Contratos de Licença de Uso de *Software*

O artigo 9º da lei 9.609 trata dos contratos de licença para uso dos programas de computador.

Na verdade, o legislador excluiu qualquer prática burocrática, declarando, no parágrafo único desse artigo, que

> "o documento fiscal relativo a aquisição ou licenciamento da cópia servirá para comprovação da regularidade do seu uso".

Trata-se, inegavelmente, de uma extensão do próprio conceito sobre contrato de adesão que, pelo texto, pode até desaparecer, dando lugar a um simples documento fiscal.

Isso, entretanto, não exclui a responsabilidade do autor do programa de computador, seja ele pessoa física ou jurídica.

Se o programa de computador se inscreve, por força legal, entre as obras protegidas pelo direito de autor, é necessário considerar que, nem por isso, deixa de ser um produto industrial, determinando uma relação especial com o consumidor, já que se destina a funções técnicas específicas.

O legislador protege a autoria do produto. Mas não isenta o autor de responsabilidades.

Diz Isabel Espín Alba:

> "O direito de autor é um direito subjetivo absoluto de caráter *sui generis,* integrado por faculdades de ordem moral e patrimonial e que possui princípios próprios formulados à luz de convenções internacionais e de uma recente, porém muito bem elaborada doutrina". (*Op. cit.*, p. 28)

Essa "ordem patrimonial" é que está em jogo, especialmente no caso do *software*, cuja licença para uso tem regras definidas com clareza na lei 9.609:

> "**Art. 9º** – O uso de programa de computador no País será objeto de contrato de licença.
> ***Parágrafo único*** – Na hipótese de eventual inexistência do contrato referido no *caput* deste artigo, o documento fiscal relativo a aquisição ou licenciamento de cópia servirá para comprovação da regularidade do seu uso".

O que significa isso?

O texto é simples e não deixa dúvidas. As partes – tanto o titular como aquele que vai utilizar o programa – não podem se eximir de suas obrigações pelo fato da inexistência de um contrato expresso. É o caso, para exemplificar, do período de validade do programa, como é previsto no artigo 7º, da lei 9.609, segundo o qual tanto o contrato de licença como o documento fiscal e até mesmo

> "os suportes físicos do programa ou as respectivas embalagens deverão consignar, de forma facilmente legível pelo usuário, o prazo de validade técnica da versão comercializada".

A inexistência, de forma clara, desse prazo de validade do programa implica responsabilidade do autor que por isso deverá responder, inclusive perante terceiros, se houver prejuízos. É um conceito taxativo e de interesse público: produto fora do prazo de validade não pode ser comercializado.

Em face do que tem acontecido em relação a programas de computador, área onde campeia a mais desenfreada pirataria, nem sempre se leva em conta o conjunto de responsabilidades que obrigam as partes contratantes.

Aliás, o parágrafo 1º do artigo 10º da lei 9.609 declara:

> "Serão nulas as cláusulas que:
>
> I – limitam a produção, a distribuição ou a comercialização em violação às disposições normativas em vigor;

> II – eximam qualquer dos contratantes das responsabilidades por eventuais ações de terceiros, decorrentes de vícios, defeitos ou violação de direitos de autor".

O primeiro item é muito importante, pois veda qualquer tipo de comercialização que viole os dispositivos em vigor, especialmente aqueles que tenham como objetivo garantir o consumidor contra eventuais abusos. O Código de Defesa do Consumidor, quando trata das práticas comerciais abusivas, estabelece:

> "***Art. 39*** – É vedado ao fornecedor de produtos ou serviços:
>
> I – condicionar o fornecimento de produto ou de serviço ao fornecimento de outro produto ou serviço, bem como, sem justa causa, a limites quantitativos".

Esse item veda, por exemplo, condicionar o fornecimento de um programa a existência de outro que lhe sirva de suporte ou base, pois isso deixaria o consumidor numa dependência completa, e até mesmo permanente, do eventual fornecedor.

O contrato de licença para uso de programas de computador é um contrato de adesão. O legislador, ao admitir o documento fiscal como elemento de relação contratual, não excluiu a responsabilidade do fornecedor, nem eximiu o Estado da função protetora em relação à parte mais frágil nessa relação, o que é, aliás, o objetivo do Código de Defesa do Consumidor.

O contrato de adesão, por suas implicações, merece especial atenção do legislador e do julgador. Ele é fruto da sociedade atual onde as relações comerciais adquiriram vulto impressionante, tornando impossível a elaboração de contratos específicos para cada negócio realizado. Do ponto de vista clássico, o contrato de adesão não preenche requisitos básicos na relação entre as partes. Como o próprio nome diz, trata-se de um ato pelo qual uma das partes **adere** ao que já está, de antemão, convencionado. As forças são desiguais. Não há conhecimento prévio do convencionado, a não ser a idéia vaga do produto ou serviço que se oferece e – o que é sério – se deseja e necessita. O livre exercício da vontade é suplantado pela necessidade, e o resultado da avença esgota-se rapidamente. É mais um regulamento do que propriamente um contrato – um regulamento obrigatório para o aderente que não pode ultrapassar os limites do que já está estipulado, inclusive, sem seu conhecimento prévio.

A sociedade comercial e dinâmica impôs uma situação nova. Mas, frente a isso, o pretor moderno vai interpretar a lei no sentido de que se faça justiça, inclusive observando as palavras de Cícero: *summum jus summa injuria.*

O contrato não pode ser instrumento de uma nova servidão. Carlos Alberto Bittar observa que, nos dias de hoje,

> "a regra da contratação é a da submissão da pessoa a modelos, fórmulas, condições e cláusulas predetermindas, impressas ou não, mas aceitas globalmente e sem discussão, para que possa obter o bem ou serviço almejado."

Nestas condições, teríamos apenas um simulacro de acordo de vontades, o que repugna ao espírito de justiça que é o objetivo do direito. O Estado intervém para tutelar o mais fraco e, assim, restabelecer o equilíbrio social. Impedir o abuso de direito e não convalidar contratos leoninos transforma-se numa questão de ordem pública.

Ari Barbosa Garcia Júnior qualificou tal situação de forma clara e veemente, dizendo:

> "Na capitulação do mais fraco aos mais fortes, há um verdadeiro dirigismo contratual privado". (*Os Contratos de Adesão e o Controle das Cláusulas Abusivas*, p. 47)

O Código de Defesa do Consumidor estabelece a proteção do mais fraco:

> "***Art. 46*** – Os contratos que regulam as relações de consumo não obrigarão os consumidores se não lhes for dada a oportunidade de tomar conhecimento prévio de seu conteúdo, ou se os respectivos instrumentos forem redigidos de modo a dificultar a compreensão do seu sentido e alcance.
> ***Art. 47*** – As cláusulas contratuais serão interpretadas de maneira mais favorável ao consumidor".

O consumidor encontra, nesse artigo, o amparo que lhe permite fazer frente aó poder incomensurável das grandes corporações. É o

Estado tutelando o mais fraco e, assim, restabelecendo eventuais rupturas da ordem social.

Eduardo Gabriel Saad comentando esse artigo diz:

> "O direito clássico está impregnado do individualismo que refletia, no final das contas, a atmosfera social e econômica em que era ele criado.
>
> As mudanças que, ao longo dos séculos, operaram-se nas estruturas sociais, mercê do fantástico desenvolvimento econômico dos povos, foram abrindo fissuras nessa couraça jurídica para permitir a entrada de exigências sociais. Por outras palavras, coube gradativamente ao direito incumbir-se da proteção do indivíduo contra as novas e formidáveis forças que se manifestaram na sociedade". (*Comentários ao Código de Defesa do Consumidor*, p. 403)

O gigantismo das empresas não pode transformar o consumidor em novo escravo, obrigado a cumprir dispositivos impostos e sem qualquer direito.

O Código de Defesa do Consumidor, no artigo 51, declara que

> "são nulas de pleno direito, entre outras, as cláusulas que impossibilitem, exonerem ou atenuem a responsabilidade do fornecedor por vícios de qualquer natureza dos produtos e serviços ou impliquem renúncia ou disposição de direitos".

A posição dominante do fornecedor não é licença para praticar preços abusivos e impor ao mercado – e ao usuário em particular – custos acima de suas possibilidades. O Código de Defesa do Consumidor, nesse artigo 51, em seu parágrafo 1º, item III, diz que é nula a cláusula que

> "se mostra excessivamente onerosa para o consumidor, considerando-se a natureza e conteúdo do contrato, o interesse das partes e outras circunstâncias peculiares ao caso".

Fábio Ulhoa Coelho, em sua obra *Direito Antitruste Brasileiro*, refere-se ao problema da pressão econômica:

> "Em suma, a Constituição Federal, em seu art. 173, §4º, delineou as modalidades de exercício do poder econômico que podem ser consideradas *juridicamente* abusivas. São aquelas que põem em risco a própria estrutura do livre mercado. De modo específico, aquelas que podem ocasionar a dominação de setores da economia, eliminação da competição ou aumento arbitrário de lucros". (p. 51)

A posição dominante de um produto não pode levar a uma situação de exploração abusiva do mercado.

A lei 8.884/94, conhecida como "Lei Antitruste", veda o predomínio de uma empresa ou produto sobre aquilo que qualifica como "mercado relevante":

> "***Art. 20*** – Constituem infração da ordem econômica, independentemente de culpa, os atos sob qualquer forma manifestados, que tenham por objeto ou possam produzir os seguintes efeitos:
>
> I – limitar, falsear ou de qualquer forma prejudicar a livre concorrência ou a livre iniciativa;
> II – dominar mercado relevante de bens ou serviços;
> III – aumentar arbitrariamente os lucros;
> IV – exercer de forma abusiva posição dominante;
>
> §1º – A conquista de mercado resultante de processo natural fundado na maior eficiência de agente econômico em relação a seus competidores não caracteriza o ilícito previsto no inciso II.
> §2º – Ocorre posição dominante quando uma empresa ou grupo de empresas controla parcela substancial de mercado relevante, como fornecedor, intermediário, adquirente ou financiador de um produto, serviço ou tecnologia a ele relativa.
> §3º – A posição dominante a que se refere o parágrafo anterior é presumida quando a empresa ou grupo de empresas controla 20% (vinte por cento) de mercado relevante, podendo este percentual ser alterado pelo *CADE* para setores específicos da economia".

A infração da ordem econômica independe de culpa. Não se trata, pois, de uma conspiração para o domínio do mercado relevante. É algo que se verifica pela própria situação do mercado e do produto oferecido. O domínio de um processo tecnológico pode levar a tal situação, o que determinará a necessidade da intervenção do Estado para impedir que esse predomínio se torne economicamente insuportável, gerando a ruptura da ordem econômica e social.

Segundo Fábio Ulhoa Coelho, o poder econômico "é um dado de fato inerente ao livre mercado". E acentua:

> "Se a organização da economia se pauta na liberdade de iniciativa e de competição, então os agentes econômicos são necessariamente desiguais, uns mais fortes que outros. Ou seja, conforme assentou Miguel Reale, o poder econômico não é em si ilícito, mas é o instrumento normal ou natural de produção e circulação de riquezas nas sociedades constitucionalmente organizadas em função do modelo da economia de mercado". (*Op. cit.*, p. 50)

Ocorre que a economia de mercado encontra nas normas instituídas pelo Estado os seus limites, conforme conclui esse autor:

> "O direito só pode disciplinar o exercício desse poder, reprimindo as iniciativas que comprometem as estruturas do livre mercado".

O que se pretende, realmente, é disciplinar a ação dos agentes econômicos e não coibi-la.

O consumidor não pode ficar à mercê do poder econômico ou da prevalência de um produto no mercado. Isso seria recuar à barbárie, deixando a sociedade – e especialmente o consumidor individual – à mercê de corporações quase inatingíveis, seja pela sua força econômica, seja pelo predomínio que exercem no mercado através de produtos exclusivos e muitas vezes imprescindíveis à sociedade.

Os programas de computador cabem perfeitamente nesse quadro. Embora, teoricamente, eles possam ser produzidos em qualquer escala, e mesmo artesanalmente, na verdade são as grandes empresas multinacionais que detêm a tecnologia que torna possível o exercício pleno do domínio nesse campo.

Exercendo, então, domínio sobre o mercado relevante, não podem ficar imunes e acima do controle legal, disciplinador, sob pena de perturbar a ordem econômica.

O conceito de *mercado relevante* é que vai determinar a importância do produto no conjunto do mercado. Como diz, com muito acerto, Fábio Ulhoa Coelho,

> "a delimitação material do mercado é feita a partir da perspectiva do consumidor".

O predomínio eventual de um produto como fruto da eficiência, determinando a preferência do consumidor e do usuário, é aceitável. Faz parte das regras. Mas o controle do mercado – especialmente do *mercado relevante* – e, através dele, a imposição de condições leoninas e abusivas, inclusive com a obtenção de lucros injustificados, viola o equilíbrio social e fere a ordem econômica, reclamando a intervenção do Estado.

DIREITO AUTORAL E RESPONSABILIDADE

Ao colocar o programa de computador sob o manto do direito de autor, considerando esse produto como obra de criação intelectual, a legislação não instituiu um passaporte para a exploração livre e desenfreada do mercado.

Ao contrário.

A própria lei 9.609 fixa os limites e as responsabilidades do titular em relação ao usuário dos programas de computador.

Além disso, o sistema jurídico é um complexo de leis que se aplicam e exercem de forma harmoniosa e complementar. No momento em que se estabelecem determinados direitos, eles se situam, automaticamente, no campo geral das obrigações e deveres.

Nas relações com o consumidor ou usuário, não se pode ignorar seus direitos, devidamente consubstanciados num código plenamente válido e cuja aplicação se impõe na compra de qualquer produto ou serviço, aí incluindo-se, obviamente, os bens autorais assim considerados pela legislação. A lei antitruste, por sua vez, deixa clara a responsabilidade da empresa e, individualmente, de seus dirigentes pela violação da ordem econômica, como estatui o artigo 16:

> "As diversas formas de infração da ordem econômica implicam a responsabilidade da empresa e a responsabilidade individual de seus dirigentes".

O legislador não poderia ser mais claro.

O combate à pirataria de bens intelectuais é um compromisso da sociedade brasileira, que não pode mais conviver com tais abusos. Eles envergonham o país e mancham a nossa imagem.

A pirataria de bens intelectuais deve ser punida com rigor.

Não se pode mais tolerar o furto descarado, que se pratica diariamente de bens intelectuais nas escolas e universidades. É algo inadmissível.

Mas, de outro lado – e com a mesma veemência – não se pode aceitar o domínio abusivo de quem quer que seja – nacional ou estrangeiro – sobre o mercado consumidor de produtos tecnologicamente avançados e hoje indispensáveis à vida de todos os dias.

O cidadão comum, obrigado pela adesão contratual a assumir obrigações que desconhece e muitas vezes são abusivas, não pode ficar ao desamparo. Ao contrário. Deve invocar a proteção do Estado, através dos tribunais, a quem cabe proteger a parte mais fraca na relação contratual com os poderosos de hoje.

O gigantismo econômico e o avanço tecnológico não podem transformar o homem de hoje em servo urbano.

V

Conclusões:

O direito e a realidade

As leis e as transformações sociais

A modernização do direito

Promulgada uma lei, é natural que surjam dúvidas e controvérsias quanto a sua observância e aplicação.

A vida apresenta necessidades, e as normas flexionam-se para atendê-las. Elas são modificadas ou extinguem-se, dando lugar a novas disposições.

Não poderia ser diferente com a lei de direitos autorais e a chamada lei do *Software*. O trabalhador artístico é incansável em sua labuta, multiplicando-se as produções criativas em todos os campos, reclamando ajustes e normas contratuais que resguardem direitos e estabeleçam obrigações. As dúvidas surgem, então, gerando discussões que elucidam o texto e contribuem para sua melhor observância e aplicação.

Já dizia Carlos Maximiliano que o

> "direito precisa transformar-se em realidade eficiente, no interesse coletivo e também no individual".

Trata-se de algo importante e decisivo: a vida coletiva deve nortear-se pelo equilíbrio gerador da certeza que anima o cidadão de que há uma lei que lhe ampara os direitos. Essa certeza é a matriz do respeito e dos limites que balizam interesses e delimitam as fronteiras da legitimidade, impedindo lesões e arbítrios.

Os códigos constituem, sem dúvida, a base do ordenamento legal. Mas eles não são absolutos nem definitivos. Completam-se através de leis específicas. Norberto Bobbio afirma com razão:

> "Hoje estamos acostumados a pensar no direito em termos de codificação, como se ele devesse necessariamente estar encerrado num código. Isto é uma atitude mental particularmente enraizada no homem comum e da qual os jovens que iniciam os estudos jurídicos devem procurar se livrar. Com efeito, a idéia da codificação surgiu, por obra do pensamento iluminista,

> na segunda metade do século XVIII e atuou no século passado: portanto, há apenas dois séculos o direito se tornou direito codificado. Por outro lado, não se trata de uma condição comum a todo o mundo e a todos os países civilizados. Basta pensar que a codificação não existe nos países anglo-saxônicos. Na realidade, a codificação representa uma experiência jurídica dos últimos dois séculos típica da Europa continental". (*O Positivismo Jurídico*, p. 63)

Os códigos, em certo sentido, atuam como uma base ampla e geral, enquanto as leis se tornam específicas e particularizadas em face de nuances diferentes que a realidade apresenta. São, por isso mesmo, mais flexíveis, inclusive impondo-se, pouco a pouco, como elemento para realizar a justiça, atendendo à dinâmica das mudanças sociais. Nisso reside a importância instrumental do direito como elemento transformador da sociedade.

Lawrence Friedman e Jack Ladinsky a esse propósito afirmam:

> "O Direito é um mecanismo institucional para ajustar as relações humanas à finalidade de assegurar algumas metas sociais concretas. Uma função do Direito é a preservação da paz e a ordem na sociedade. Porém, lei e ordem (*"law and order"*) são desejadas, não como um fim em si mesmas, senão como uma condição para a consecução de outros objetivos vitais. De maior significância é o papel positivo que desempenha o Direito no logro das prioridades sociais. Nas democracias modernas, as regras e instituições legais são um ingrediente essencial da mudança social dirigida; são a força e autoridade da nação em sua tarefa sem fim de estímulo, atribuição e reatribuição de recursos físicos e sociais (saúde, destreza, bem-estar, conhecimento, *status*) aos setores econômicos e aos estratos sociais da sociedade. O Direito reflete as percepções, atitudes, valores, problemas, experiências, tensões e conflitos da sociedade. Willard Hurst notou que, no Direito, os homens articularam os meios e fins de sua existência comum como em nenhuma outra instituição de importância". (*Sociologia e Direito*, p. 206, coletânea organizada por Cláudio Souto e Joaquim Falcão)

A realidade é imbatível. Ela impõe seu primado no processo do desenvolvimento e encontra no direito a formulação das regras que dão as transformações, mesmo revolucionárias, o ordenamento indispensável a sua eficácia.

As mudanças sociais são complexas. Geram novos costumes e, conseqüentemente, novos comportamentos que exigem do legislador a perspicácia para percebê-los, transformando-os em leis que assegurem direitos e estabeleçam deveres.

A dinâmica das modificações sociais é cada vez mais rápida, impondo a modernização do direito como um fator que impulsiona e ordena as transformações.

Marc Galanter, falando sobre a modernização do direito, diz:

> "As sociedades modernas desenvolvem novos mecanismos para abrandar e tornar flexível a arrancada para a modernização do direito – novas técnicas de autonomia local através de federalismo, associações voluntárias e acordos contratuais; novos métodos para tornar o direito flexível e sensível, tais como encontramos em tribunais menores, agências administrativas e na arbitragem. O direito moderno, tal como o descrevemos em nosso modelo, não é uma destinação, mas antes um foco ou vetor para onde as sociedades caminham. Mas, as mesmas forças que apóiam este movimento, e são liberadas por ele, o desviam de sua aparente destinação". (*The Modernization of Law. Op. cit.*, p. 217)

A modernização do direito é, assim, um vetor, um indicativo, liberando forças transformadoras e, ao mesmo tempo, dando a estabilidade necessária à vida social.

Uma lei, ao surgir, tem a missão de regular questões que a vida propõe à sociedade em suas múltiplas relações. São relações dinâmicas num mundo em constante mudança.

Autores, editores, meios de divulgação revolucionários, têm interesses comuns, especialmente diante das modificações provocadas pela revolução tecnológica que afeta, como nunca, a produção criativa, tão necessária à vida humana.

A lei é o instrumento que liga tendências diferentes, evitando que elas se transformem em choques destrutivos.

Ao final de tudo prevalece o velho preceito latino:

> *"Juris praecepta sunt haec: honeste vivere, alterum nom laedere, suum cuique tribuere"*. (*Digesto* 1.1.10)

Esses mandamentos do direito continuam atuais em sua genial simplicidade: viver honestamente, não lesar ninguém e dar a cada um o que é seu.

Nada mais e nada menos do que isso.

LEI Nº 9.609

Sancionada pelo Presidente da República em 19 de fevereiro de 1998:

Dispõe sobre a proteção da propriedade intelectual de programa de computador, sua comercialização no país, e dá outras providências.

C-I Disposições Preliminares*

• *O que é um programa de computador: definição legal.* • *Linguagem natural ou codificada – O suporte físico.* • *Emprego necessário em máquinas automáticas.*	**Art. 1º** – Programa de computador é a expressão de um conjunto organizado de instruções em linguagem natural ou codificada, contida em suporte físico de qualquer natureza, de emprego necessário em máquinas automáticas de tratamento da informação, dispositivos, instrumentos ou equipamentos periféricos, baseados em técnica digital ou análoga, para fazê-los funcionar de modo e para fins determinados.

C-II Da Proteção aos Direitos de Autor e do Registro

• *Regime de proteção é o mesmo conferido às obras literárias.*	**Art. 2º** – O regime de proteção à propriedade intelectual de programa de computador é o conferido às obras literárias pela legislação de direitos autorais e conexos vigentes no País, observado o disposto nesta lei.
• *Exclusão dos direitos morais, que não se aplicam, restando apenas a paternidade do autor do programa e o direito a opor-se a alterações.*	**§1º** – Não se aplicam ao programa de computador as disposições relativas aos direitos morais, ressalvado, a qualquer tempo, o direito do autor de reivindicar a paternidade do programa de computador e o direito do autor de opor-se a alterações não-autorizadas, quando estas impliquem deformação, mutilação ou outra modificação do programa de computador, que prejudiquem a sua honra ou a sua reputação.

*O índice da coluna à esquerda, nesta e nas páginas seguintes, não faz parte do texto legal. Foi organizado para facilitar a consulta.

C-II

• *Duração dos direitos: 50 anos após a publicação.*	§2º – Fica assegurada a tutela dos direitos relativos a programa de computador pelo prazo de cinqüenta anos, contados a partir de 1º de janeiro do ano subseqüente ao da sua publicação ou, na ausência desta, da sua criação. §3º – A proteção aos direitos de que trata esta lei independe de registro. §4º – Os direitos atribuídos por esta lei ficam assegurados aos estrangeiros domiciliados no exterior, desde que o país de origem do programa conceda, aos brasileiros e estrangeiros domiciliados no Brasil, direitos equivalentes.
• *Cabe ao autor o direito de autorizar ou proibir o aluguel dos programas.*	§5º – Inclui-se dentre os direitos assegurados por esta lei e pela legislação de direitos autorais e conexos vigente no País aquele direito exclusivo de autorizar ou proibir o aluguel comercial, não sendo esse direito exaurível pela venda, licença outra forma de transferência da cópia do programa.
• *Aluguel.*	§6º – O disposto no parágrafo anterior não se aplica aos casos em que o programa em si não seja objeto essencial do aluguel.
• *Registro do programa.*	**Art. 3º** – Os programas de computador poderão, a critério do titular, ser registrados em órgão ou entidade a ser designado por ato do Poder Executivo, por iniciativa do Ministério responsável pela política de ciência e tec-nologia.
• *O que é necessário para registrar os programas de computador.*	§1º – O pedido de registro estabelecido neste artigo deverá conter, pelo menos, as seguintes informações: I – os dados referentes ao autor do programa de computador e ao titular, se distinto do autor, sejam pessoas físicas ou jurídicas; II – a identificação e descrição funcional do programa de computador; e

C-II

	III – os trechos do programa e outros dados que se considerar suficientes para identificá-lo e caracterizar sua originalidade, ressalvando-se os direitos de terceiros e a responsabilidade do Gover-no.
	§2º – As informações referidas no inciso III do parágrafo anterior são de caráter sigiloso, não podendo ser reveladas, salvo por ordem judicial ou a requerimento do próprio titular.
• *Pertencem ao empregador ou órgão público os programas produzidos por empregados ou funcionários, salvo estipulação em contrário.*	**Art. 4º** – Salvo estipulação em contrário, pertencerão exclusivamente ao empregador, contratante de serviços ou órgão público, os direitos relativos ao programa de computador, desenvolvido e elaborado durante a vigência de contrato ou de vínculo estatutário, expressamente destinado à pesquisa e desenvolvimento, ou em que a atividade do empregado, contratado de serviço ou servidor seja prevista, ou ainda, que decorra da própria natureza dos encargos concernentes a esses vínculos.
• *Pagamento.*	§1º – Ressalvado ajuste em contrário, a compensação do trabalho ou serviço prestado limitar-se-á à remuneração ou ao salário convencionado.
• *Direitos do empregado ao programa. Quando ocorre.*	§2º – Pertencerão, com exclusividade, ao empregado, contratado de serviço ou servidor, os direitos concernentes a programa de computador gerado sem relação com o contrato de trabalho, prestação de serviços ou vínculo estatutário, e sem a utilização de recursos, informações tecnológicas, segredos industriais e de negócios, materiais, instalações ou equipamentos do empregador, da empresa ou entidade com a qual o empregador mantenha contrato de prestação de serviços ou assemelhados, do contratante de serviços ou órgão público.

• *A situação dos bolsistas.*	§3º – O tratamento previsto neste artigo será aplicado nos casos em que o programa de computador for desenvolvido por bolsistas, estagiários e assemelhados.
• *Direitos sobre derivações do programa.*	**Art. 5º** – Os direitos sobre as derivações autorizadas pelo titular dos direitos de programa de computador, inclusive sua exploração econômica, pertencerão à pessoa autorizada que as fizer, salvo estipulação contratual em contrário.
• *O que não constitui ofensa aos direitos dos titulares do programa.*	**Art. 6º** – Não constituem ofensa aos direitos do titular de programa de computador:
• *Reprodução para salvaguarda.*	I – a reprodução, em um só exemplar, de cópia legitimamente adquirida, desde que se destine à cópia de salvaguarda ou armazenamento eletrônico, hipótese em que o exemplar original servirá de salvaguarda;
• *Citação.*	II – a citação parcial do programa, para fins didáticos, desde que identificados o programa e o titular dos direitos respectivos;
• *Semelhança.*	III – a ocorrência de semelhança de programa a outro, preexistente, quando se der por força das características funcionais de sua aplicação, da observância de preceitos normativos e técnicos, ou de limitação de forma alternativa para a sua expressão;
• *Integração de programas.*	IV – a integração de um programa, mantendo-se suas características essenciais, a um sistema aplicativo ou operacional, tecnicamente indispensá-vel às necessidades do usuário, desde que para o uso exclusivo de quem a promoveu.

C-III

Das Garantias aos Usuários de Programa de Computador

• *Prazo de validade técnica: deve constar da nota fiscal, do suporte do programa, da embalagem.*	**Art. 7º** – O contrato de licença de uso de programa de computador, o documento fiscal correspondente, os suportes físicos do programa ou as respectivas embalagens deverão consignar, de forma facilmente legível pelo usuário, o prazo de validade técnica da versão comercializada.
• *Quem comercializa o programa é obrigado a prestar serviços técnicos complementares durante todo o período de validade do programa, mesmo que tenha saído da linha de comercialização.*	**Art. 8º** – Aquele que comercializar programa de computador, quer seja titular dos direitos do programa, quer seja titular dos direitos de comercialização, fica obrigado, no território nacional, durante o prazo de validade técnica da respectiva versão, a assegurar aos respectivos usuários a prestação de serviços técnicos complementares relativos ao adequado funcionamento do programa, consideradas as suas especificações. **Parágrafo único** – A obrigação persistirá no caso de retirada de circulação comercial do programa de computador durante o prazo de validade, salvo justa indenização de eventuais prejuízos causados a terceiros.

C-IV

Dos Contratos de Licença de Uso, de Comercialização e de Transferência de Tecnologia

• *O uso do programa será objeto de contrato. Nota fiscal ou documento de compra tem validade de contrato.*	**Art. 9º** – O uso do programa de computador no País será objeto de contrato de licença. **Parágrafo único** – Na hipótese de eventual inexistência do contrato referido no *caput* deste artigo, o documento fiscal relativo à aquisição ou licenciamento de cópia servirá para comprovação da regularidade do seu uso.

• *Programas de origem externa.*	**Art. 10** – Os atos e contratos de licença de direitos de comercialização referentes a programas de computador de origem externa deverão fixar, quanto aos tributos e encargos exigíveis, a responsabilidade pelos respectivos pagamentos e estabelecerão a remuneração do titular dos direitos de programa de computador residente ou domiciliado no exterior.
• *Cláusulas que prejudiquem o consumidor serão nulas: limite à produção e distribuição, responsabilidade dos contratantes, especialmente no tocante a vícios e defeitos do produto.*	§1º – Serão nulas as cláusulas que: I – limitem a produção, a distribuição ou a comercialização, em violação às disposições normativas em vigor; II – eximam qualquer dos contratantes das responsabilidades por eventuais ações de terceiros, decorrentes de vícios, defeitos ou violação de direitos de autor.
• *Pagamento em moeda estrangeira: comprovante.*	§2º – O remetente do correspondente valor em moeda estrangeira, em pagamento da remuneração de que se trata, conservará em seu poder, pelo prazo de cinco anos, todos os documentos necessários à comprovação da licitude das remessas e da sua conformidade ao *caput* deste artigo.
• *Transferência de tecnologia deve ser registrada no INPI.*	**Art. 11** – Nos casos de transferência de tecnologia de programa de computador, o Instituto Nacional da Propriedade Industrial fará o registro dos respectivos contratos, para que produzam efeitos em relação a terceiros.
• *Elementos básicos para registro de transferência de tecnologia.*	**Parágrafo único** – Para o registro de que trata este artigo, é obrigatória a entrega, por parte do fornecedor ao receptor de tecnologia, da documentação completa, em especial do código-fonte comentado, memorial descritivo, especificações funcionais internas, diagramas, fluxogramas e outros dados técnicos necessários à absorção da tecnologia.

C-V Das Infrações e das Penalidades

• *Penas: detenção e prisão.*	**Art. 12** – Violar direitos de autor de programa de computador: *Pena* – Detenção de seis meses a dois anos ou multa. **§1º** – Se a violação consistir na reprodução, por qualquer meio, de programa de computador, no todo ou em parte, para fins de comércio, sem autorização expressa do autor ou de quem o represente: *Pena* – Reclusão de um a quatro anos e multa.
• *Quem incorre na mesma pena.*	**§2º** – Na mesma pena do parágrafo anterior incorre quem vende, expõe à venda, introduz no País, adquire, oculta ou tem em depósito, para fins de comércio, original ou cópia de programa de computador, produzido com violação de direito autoral.
• *Procedimento somente mediante queixa, salvo se o prejudicado for entidade pública, autarquia ou entidade de economia mista.*	**§3º** – Nos crimes previstos neste artigo, somente se procede mediante queixa, salvo: I – quando praticados em prejuízo de entidade de direito público, autarquia, empresa pública, sociedade de economia mista ou fundação instituída pelo poder público;
• *Sonegação fiscal ou prática de crimes contra a ordem tributária.*	II – quando, em decorrência de ato delituoso, resultar sonegação fiscal, perda de arrecadação tributária ou prática de quaisquer dos crimes contra a ordem tributária ou contra as relações de consu-mo. **§4º** – No caso do inciso II do parágrafo anterior, a exigibilidade do tributo, ou contribuição social e qualquer acessório, processar-se-á independentemente de representação.
• *A ação penal é precedida de vistoria.*	**Art. 13** – A ação penal e as diligências preliminares de busca e apreensão, nos casos de

C-V

	violação de direito de autor de programa de computador, serão precedidas de vistoria, podendo o juiz ordenar a apreensão das cópias produzidas ou comercializadas com violação de direito de autor, suas versões e derivações em poder do infrator ou de quem as esteja expondo, mantendo em depósito, reproduzindo ou comercializando.
• *O juiz pode ordenar a apreensão das cópias.*	
• *Ação para proibir a prática do ato incriminado; pena pecuniária.*	**Art. 14** – Independentemente da ação penal, o prejudicado poderá intentar ação para proibir ao infrator a prática do ato incriminado, com cominação de pena pecuniária para o caso de transgressão do preceito.
	§1º – A ação de abstenção de prática de ato poderá ser cumulada com a de perdas e danos pelos prejuízos decorrentes da infração.
• *Medida liminar.*	§2º – Independentemente de ação cautelar preparatória, o juiz poderá conceder medida liminar proibindo ao infrator a prática do ato incriminado, nos termos deste artigo.
• *Busca e apreensão.*	§3º – Nos procedimentos cíveis, as medidas cautelares de busca e apreensão observarão o disposto no artigo anterior.
• *Procedimento no caso de informações confidenciais.*	§4º – Na hipótese de serem apresentadas, em juízo, para a defesa dos interesses de qualquer das partes, informações que se caracterizem como confidenciais, deverá o juiz determinar que o processo prossiga em segredo de justiça, vedado o uso de tais informações à outra parte para outras finalidades.
• *Quem agir de má-fé, espírito de emulação, capricho ou erro grosseiro, poderá ser responsabilizado por perdas e danos.*	§5º – Será responsabilizado por perdas e danos aquele que requerer e promover as medidas previstas neste e nos arts. 12 e 13, agindo de má-fé ou por espírito de emulação, capricho ou erro grosseiro, nos termos dos arts. 16, 17 e 18 do Código de Processo Civil.

C-VI

Disposições Finais

Art. 15 – Esta lei entra em vigor na data de sua publicação.

Art. 16 – Fica revogada a lei nº 7.646, de 18 de dezembro de 1987.

Brasília, 19 de fevereiro de 1998;
177º da Independência
e 110º da República.

Fernando Henrique Cardoso
José Israel Vargas

LEI Nº 9.610

Sancionada pelo Presidente da República em 19 de fevereiro de 1998:

Altera, atualiza e consolida a legislação sobre direitos autorais e dá outras providências

TÍTULO I — DISPOSIÇÕES PRELIMINARES

	Art. 1º – Esta lei regula os direitos autorais, entendendo-se sob esta denominação os direitos de autor e os que lhes são conexos.
• *A proteção autoral abrange os estrangeiros.*	**Art. 2º** – Os estrangeiros domiciliados no exterior gozarão da proteção assegurada nos acordos, convenções e tratados em vigor no Brasil.
	Parágrafo único – Aplica-se o disposto nesta lei aos nacionais ou pessoas domiciliadas em país que assegure aos brasileiros ou pessoas domiciliadas no Brasil a reciprocidade na proteção aos direitos autorais ou equivalentes.
• *Direito autoral é considerado bem móvel.*	**Art. 3º** – Os direitos autorais reputam-se, para os efeitos legais, bens móveis.
• *Os negócios jurídicos interpretam-se restritivamente.*	**Art. 4º** – Interpretam-se restritivamente os negócios jurídicos sobre os direitos autorais.
• *A lei define o que é:*	**Art. 5º** – Para os efeitos desta lei, considera-se:
• *Publicação.*	I – *publicação* – o oferecimento de obra literária, artística ou científica ao conhecimento do público, com o consentimento do autor, ou de qualquer outro titular de direito de autor, por qualquer forma ou processo;
• *Transmissão.*	II – *transmissão ou emissão* – a difusão de sons ou de sons e imagens, por meio de ondas radioelétricas; sinais de satélite; fio, cabo ou outro condutor; meios óticos ou qualquer outro processo eletromagnético;
• *Retransmissão.*	III – *retransmissão* – a emissão simultânea da transmissão de uma empresa por outra;
• *Distribuição.*	IV – *distribuição* – a colocação à disposição do público do original ou cópia de

T-I

	obras literárias, artísticas ou científicas, interpretações ou execuções fixadas e fonogramas, mediante a venda, locação ou qualquer outra forma de transferência de propriedade ou posse;
• *Comunicação ao público.*	V – *comunicação ao público* – ato mediante o qual a obra é colocada ao alcance do público, por qualquer meio ou procedimento e que não consista na distribuição de exemplares;
• *Reprodução.*	VI – *reprodução* – a cópia de um ou vários exemplares de uma obra literária, artística ou científica ou de um fonograma, de qualquer forma tangível, incluindo qualquer armazenamento permanente ou temporário por meios eletrônicos ou qualquer outro meio de fixação que venha a ser desenvolvido;
• *Contrafação.*	VII – *contrafação* – a reprodução não autorizada;
• *O que é obra em:*	VIII – *obra:*
• *Co-autoria.*	a) *em co-autoria* – quando é criada em comum, por dois ou mais autores;
• *Anônima.*	b) *anônima* – quando não se indica o nome do autor, por sua vontade ou por ser desconhecido;
• *Pseudônima.*	c) *pseudônima* – quando o autor se oculta sob nome suposto;
• *Inédita.*	d) *inédita* – a que não haja sido objeto de publicação;
• *Póstuma.*	e) *póstuma* – a que se publique após a morte do autor;
• *Originária.*	f) *originária* – a criação primígena;

T-I

• *Derivada.*	g) *derivada* – a que, constituindo criação intelectual nova, resulta da transformação de obra originária;
• *Coletiva.*	h) *coletiva* – a criada por iniciativa, organização e responsabilidade de uma pessoa física ou jurídica, que a publica sob seu nome ou marca e que é constituída pela participação de diferentes autores, cujas contribuições se fundem numa criação autônoma;
• *Audiovisual.*	i) *audiovisual* – a que resulta da fixação de imagens com ou sem som, que tenha a finalidade de criar, por meio de sua reprodução, a impressão de movimento, independentemente dos processos de sua captação, do suporte usado inicial ou posteriormente para fixá-lo, bem como dos meios utilizados para sua veiculação;
• *Fonograma.*	IX – *fonograma* – toda fixação de sons de uma execução ou interpretação ou de outros sons, ou de uma representação de sons que não seja uma fixação incluída em uma obra audiovisual;
• *Editor.*	X – *editor* – a pessoa física ou jurídica à qual se atribui o direito exclusivo de reprodução da obra e o dever de divulgá-la, nos limites previstos no contrato da edição;
• *Produtor.*	XI – *produtor* – a pessoa física ou jurídica que toma a iniciativa e tem a responsabilidade econômica da primeira fixação do fonograma ou da obra audiovisual, qualquer que seja a natureza do suporte utilizado;
• *Radiodifusão.*	XII – *radiodifusão* – a transmissão sem fio, inclusive por satélites, de sons ou imagens e sons ou das representações desses, para recepção ao público e a

T-I

	transmissão de sinais codificados, quando os meios de decodificação sejam oferecidos ao público pelo organismo de radiodifusão ou com seu consentimento;
• *Artistas intérpretes ou executores.*	XIII – *artistas intérpretes ou executantes* – todos os atores, cantores, músicos, bailarinos ou outras pessoas que representem um papel, cantem, recitem, declamem, interpretem ou executem em qualquer forma obras literárias ou artísticas ou expressões do folclore.
• *O governo e as obras que patrocina.*	**Art. 6º** – Não serão de domínio da União, dos Estados, do Distrito Federal ou dos Municípios as obras por eles simplesmente subvencionadas.

TÍTULO II

DAS OBRAS INTELECTUAIS

C-I

Das Obras Protegidas

• *O que é protegido.*	**Art. 7º** – São obras intelectuais protegidas as criações do espírito, expressas por qualquer meio ou fixadas em qualquer suporte, tangível ou intangível, conhecido ou que se invente no futuro, tais como: I – os textos de obras literárias, artísticas ou científicas;
• *A lei exemplifica algumas criações.*	II – as conferências, alocuções, sermões e outras obras da mesma natureza; III – as obras dramáticas e dramático-musicais; IV – as obras coreográficas e pantomímicas, cuja execução cênica se fixe por escrito ou por outra qualquer forma;
• *Não são números fechados, mas exemplificativos, a eles podendo agregar-se outros, na medida em que surgem como obras criativas.*	V – as composições musicais, tenham ou não letra; VI – as obras audiovisuais, sonorizadas ou não, inclusive as cinematográficas; VII – as obras fotográficas e as produzidas por qualquer processo análogo ao da fotografia; VIIII – as obras de desenho, pintura, gravura, escultura, litografia e arte cinética; IX – as ilustrações, cartas geográficas e outras obras da mesma natureza; X – os projetos, esboços e obras plásticas concernentes à geografia, engenharia, topografia, arquitetura, paisagismo, cenografia e ciência; XI – as adaptações, traduções e outras transformações de obras originais, apresentadas como criação intelectual nova;

T-II

	XII – os programas de computador;
• *Coletâneas: o que a lei protege.*	XIII – as coletâneas ou compilações, antologias, enciclopédias, dicionários, bases de dados e outras obras, que, por sua seleção, organização ou disposição de seu conteúdo, constituam uma criação intelectual.
• *Programas de computador: lei 9.609.*	**§1º** – Os programas de computador são objeto de legislação específica, observadas as disposições desta lei que lhes sejam aplicáveis.
	§2º – A proteção concedida no inciso XIII não abarca os dados ou materiais em si mesmos e se estende sem prejuízo de quaisquer direitos autorais que subsistam a respeito dos dados ou materiais contidos nas obras.
• *Na técnica, a lei protege a forma, se for artística e não o conteúdo.*	**§3º** – No domínio das ciências, a proteção recairá sobre a forma literária ou artística, não abrangendo o seu conteúdo científico ou técnico, sem prejuízo dos direitos que protegem os demais campos da propriedade imaterial.
• *O que a lei não protege.*	**Art. 8º** – Não são objeto de proteção como direitos autorais de que trata esta lei:
• *A lei autoral protege as obras de criação do espírito, mas não simples idéias ou métodos ou aquilo que não tenha valor criativo original.*	I – as idéias, procedimentos normativos, sistemas, métodos, projetos ou conceitos matemáticos como tais;
	II – os esquemas, planos ou regras para realizar atos mentais, jogos ou negócios;
	III – os formulários em branco para serem preenchidos por qualquer tipo de informação, científica ou não, e suas instruções;
	IV – os textos de tratados ou convenções, leis, decretos, regulamentos, decisões judiciais e demais atos oficiais;
	V – as informações de uso comum tais como calendários, agendas, cadastros ou legendas;

T-II

	VI – os nomes e títulos isolados; VII – o aproveitamento industrial ou comercial das idéias contidas nas obras.
• *A cópia da obra de arte plástica, feita pelo autor.*	**Art. 9º –** À cópia de obra de arte plástica feita pelo próprio autor é assegurada a mesma proteção de que goza o original.
• *O título da obra.*	**Art. 10 –** A proteção à obra intelectual abrange o seu título, se original e inconfundível com o de obra do mesmo gênero, divulgada anteriormente por outro autor.
• *O título de publicações periódicas e jornais.*	**Parágrafo único –** O título de publicações periódicas, inclusive jornais, é protegido até um ano após a saída do seu último número, salvo se forem anuais, caso em que esse prazo se elevará a dois anos.

C-II

Da Autoria das Obras Intelectuais

• *Autor é a pessoa física.*	**Art. 11 –** Autor é a pessoa física criadora de obra literária, artística ou científica.
• *A pessoa jurídica.*	**Parágrafo único –** A proteção concedida ao autor poderá aplicar-se às pessoas jurídicas nos casos previstos nesta lei.
• *Como o autor se identifica.*	**Art. 12 –** Para se identificar como autor, poderá o criador da obra literária, artística ou científica usar de seu nome civil, completo ou abreviado até por suas iniciais, de pseudônimo ou qualquer outro sinal convencional.
• *Quem é o autor da obra.*	**Art. 13 –** Considera-se autor da obra intelectual, não havendo prova em contrário, aquele que, por uma das modalidades de identificação referidas no artigo anterior, tiver, em conformidade com o uso, indicada ou anunciada essa qualidade na sua utilização.

• *O arranjador de obra caída em domínio público.*	**Art. 14 –** É titular de direitos de autor quem adapta, traduz, arranja ou orquestra obra caída no domínio público, não podendo opor-se a outra adaptação, arranjo, orquestração ou tradução, salvo se for cópia da sua.
• *Co-autoria. A quem se atribui a co-autoria.*	**Art. 15 –** A co-autoria da obra é atribuída àqueles em cujo nome, pseudônimo ou sinal convencional for utilizada.
• *Quem não é co-autor.*	**§1º –** Não se considera co-autor quem simplesmente auxiliou o autor na produção da obra literária, artística ou científica, revendo-a, atualizando-a, bem como fiscalizando ou dirigindo sua edição ou apresentação por qualquer meio.
• *Co-autor e sua criação.*	**§2º –** Ao co-autor, cuja contribuição possa ser utilizada separadamente, são asseguradas todas as faculdades inerentes à sua criação como obra individual, vedada, porém, a utilização que possa acarretar prejuízo à exploração da obra comum.
• *Na obra audiovisual, são co-autores:*	**Art. 16 –** São co-autores da obra audiovisual o autor do assunto ou argumento literário, musical ou lítero-musical e o diretor.
	Parágrafo único – Consideram-se co-autores de desenhos animados os que criam os desenhos utilizados na obra audiovisual.
• *A obra coletiva e os direitos dos participantes.*	**Art. 17 –** É assegurada a proteção às participações individuais em obras coletivas.
	§1º – Qualquer dos participantes, no exercício de seus direitos morais, poderá proibir que se indique ou anuncie seu nome na obra coletiva, sem prejuízo do direito de haver a remuneração contratada.
• *O organizador da obra coletiva.*	**§2º –** Cabe ao organizador a titularidade dos direitos patrimoniais sobre o conjunto da obra coletiva.

T-II

• *O organizador e o contrato.*	§3º – O contrato com o organizador especificará a contribuição do participante, o prazo para entrega ou realização, a remuneração e demais condições para sua execução.

C-III Do Registro das Obras Intelectuais

• *A proteção autoral não depende de registro.*	**Art. 18 –** A proteção aos direitos de que trata esta lei independe de registro.
• *O registro da obra é uma faculdade e não obrigação.*	**Art. 19 –** É facultado ao autor registrar a sua obra no órgão público definido no *caput* e no §1º do art. 17 da lei nº 5.988, de 14 de dezembro de 1973.
• *Normas para o registro.*	**Art. 20 –** Para os serviços de registro previsto nesta lei será cobrada retribuição, cujo valor e processo de recolhimento serão estabelecidos por ato do titular do órgão da administração pública federal a que estiver vinculado o registro das obras intelectuais.
• *Como se registra a obra.*	**Art. 21 –** Os serviços de registro de que trata esta lei serão organizados conforme preceitua o §2º do art. 17 da lei nº 5.988, de 14 de dezembro de 1973.

TÍTULO III — DOS DIREITOS DO AUTOR

C-I Disposições Preliminares

• *Direitos morais e patrimoniais pertencem ao autor.* • *A situação dos co-autores.*	**Art. 22 –** Pertencem ao autor os direitos morais e patrimoniais sobre a obra que criou. **Art. 23 –** Os co-autores da obra intelectual exercerão, de comum acordo, os seus direitos, salvo convenção em contrário.

C-II Dos Direitos Morais do Autor

• *Direitos morais do autor.*	**Art. 24 –** São direitos morais do autor:
• *Autoria.*	I – o de reivindicar, a qualquer tempo, a autoria da obra;
• *Paternidade.*	II – o de ter seu nome, pseudônimo ou sinal convencional indicado ou anunciado, como sendo o do autor, na utilização de sua obra;
• *Não publicação.*	III – o de conservar a obra inédita;
• *Integridade.*	IV – o de assegurar a integridade da obra, opondo-se a quaisquer modificações ou à prática de atos que, de qualquer forma, possam prejudicá-lo ou atingi-lo, como autor, em sua reputação ou honra;
• *Modificação.*	V – o de modificar a obra, antes ou depois de utilizada;
• *Direito de retirar a obra de circulação. Direito de arrependimento.*	VI – o de retirar de circulação a obra ou de suspender qualquer forma de utilização já autorizada, quando a circulação ou utilização implicarem afronta à sua reputação e imagem;

T-III

• *Exemplar raro.*	VII – o de ter acesso a exemplar único e raro da obra, quando se encontre legitimamente em poder de outrem, para o fim de, por meio de processo fotográfico ou assemelhado, ou audiovisual, preservar sua memória, de forma que cause o menor inconveniente possível a seu detentor, que, em todo caso, será indenizado de qualquer dano ou prejuízo que lhe seja causado.
• *Quais os direitos morais que se transmitem aos sucessores.*	§1º – Por morte do autor, transmitem-se a seus sucessores os direitos a que se referem os incisos I a IV.
• *Cabe ao Estado a defesa das obras caídas em domínio público.*	§2º – Compete ao Estado a defesa da integridade e autoria da obra caída em domínio público.
• *Indenizações.*	§3º – Nos casos dos incisos V e VI, ressalvam-se as prévias indenizações a terceiros, quando couberem.
• *Direitos morais na obra audiovisual. Quem o exerce.*	**Art. 25** – Cabe exclusivamente ao diretor o exercício dos direitos morais sobre a obra audiovisual.
• *Projeto arquitetônico.*	**Art. 26** – O autor poderá repudiar a autoria do projeto arquitetônico alterado sem o seu consentimento durante a execução ou após a conclusão da construção. **Parágrafo único** – O proprietário da construção responde pelos danos que causar ao autor sempre que, após o repúdio, der como sendo daquele a autoria do projeto repudiado.
• *Direito moral: inalienável e irrenunciável.*	**Art. 27** – Os direitos morais do autor são inalienáveis e irrenunciáveis.

C-III

Dos Direitos Patrimoniais do Autor e de sua Duração

• *Direitos do autor.*	**Art. 28** – Cabe ao autor o direito exclusivo de utilizar, fruir e dispor da obra literária, artística ou científica.
• *Depende de autorização do autor a utilização da obra por qualquer modalidade. Essa autorização deve ser prévia e expressa.*	**Art. 29** – Depende de autorização prévia e expressa do autor a utilização da obra, por quaisquer modalidades, tais como:
• *Reprodução.*	I – a reprodução parcial ou integral;
• *Edição.*	II – a edição;
• *Adaptação e arranjo.*	III – a adaptação, o arranjo musical e quaisquer outras transformações;
• *Tradução.*	IV – a tradução para qualquer idioma;
• *Fonograma.*	V – a inclusão em fonograma ou produção audiovisual;
• *Distribuição.*	VI – a distribuição, quando não intrínseca ao contrato firmado pelo autor com terceiros para uso ou exploração da obra;
• *Distribuição por vários meios.*	VII – a distribuição para oferta de obras ou produções mediante cabo, fibra ótica, satélite, ondas ou qualquer outro sistema que permita ao usuário realizar a seleção da obra ou produção para percebê-la em um tempo e lugar previamente determinados por quem formula a demanda, e nos casos em que o acesso às obras ou produções se faça por qualquer sistema que importe em pagamento pelo usuário;
• *Outras utilizações da obra.*	VIII – a utilização, direta ou indireta, de obra literária, artística ou científica, mediante:
• *Representação.*	a) representação, recitação ou declamação;
• *Execução.*	b) execução musical;

T-III

• *Alto-falante.*	c) emprego de alto-falante ou de sistemas análogos;
• *Rádio e TV.*	d) radiodifusão sonora ou televisiva;
• *Locais coletivos.*	e) captação de transmissão de radiodifusão em locais de freqüência coletiva;
• *Sonorização.*	f) sonorização ambiental;
• *Exibição.*	g) a exibição audiovisual, cinematográfica ou por processo assemelhado;
• *Satélites.*	h) emprego de satélites artificiais;
• *Cabos e sistemas óticos.*	i) emprego de sistemas óticos, fios telefônicos ou não, cabos de qualquer tipo e meios de comunicação similares que venham a ser adotados;
• *Exposição de obras.*	j) exposição de obras de artes plásticas e figurativas;
• *Base de dados.*	IX – a inclusão em base de dados, o armazenamento em computador, a microfilmagem e as demais formas de arquivamento do gênero;
	X – quaisquer outras modalidades de utilização existentes ou que venham a ser inventadas.
	Art. 30 – No exercício do direito de reprodução, o titular dos direitos autorais poderá colocar à disposição do público a obra, na forma, local e pelo tempo que desejar, a título oneroso ou gratuito.
• *Quando o direito de exclusividade não é aplicável.*	**§1º** – O direito de exclusividade de reprodução não será aplicável quando ela for temporária e apenas tiver o propósito de tornar a obra, fonograma ou interpretação perceptível em meio eletrônico ou quando for de natureza transitória e incidental, desde que ocorra no curso do uso devidamente autorizado da obra, pelo titular.

T-III

• *A quantidade de exemplares reproduzidos deve ser informada ao autor. Quem explora a obra tem a obrigação de manter registros que permitam a fiscalização do autor.*	§2º – Em qualquer modalidade de reprodução, a quantidade de exemplares será informada e controlada, cabendo a quem reproduzir a obra a responsabilidade de manter os registros que permitam, ao autor, a fiscalização do aproveitamento econômico da exploração.
• *As modalidades de utilização não se comunicam.*	**Art. 31** – As diversas modalidades de utilização de obras literárias, artísticas ou científicas ou de fonogramas são independentes entre si, e a autorização concedida pelo autor, ou pelo produtor, respectivamente, não se estende a quaisquer das demais.
• *Co-autoria de obra indivisível.*	**Art. 32** – Quando uma obra feita em regime de co-autoria não for divisível, nenhum dos co-autores, sob pena de responder por perdas e danos, poderá, sem consentimento dos demais, publicá-la ou autorizar-lhe a publicação, salvo na coleção de suas obras completas.
	§1º – Havendo divergência, os co-autores decidirão por maioria.
• *Co-autor dissidente.*	§2º – Ao co-autor dissidente é assegurado o direito de não contribuir para as despesas de publicação, renunciando a sua parte nos lucros, e o de vedar que se inscreva seu nome na obra.
• *Registro da obra pelo co-autor.*	§3º – Cada co-autor pode, individualmente, sem aquiescência dos outros, registrar a obra e defender os próprios direitos contra terceiros.
• *Reprodução da obra para comentários.*	**Art. 33** – Ninguém pode reproduzir obra que não pertença ao domínio público, a pretexto de anotá-la, comentá-la ou melhorá-la, sem permissão do autor.
	Parágrafo único – Os comentários ou anotações poderão ser publicados separadamente.
• *Cartas missivas.*	**Art. 34** – As cartas missivas, cuja publicação está condicionada à permissão do autor,

T-III

	poderão ser juntadas como documento de prova em processos administrativos e judiciais.
• *Obra definitiva.*	**Art. 35** – Quando o autor, em virtude de revisão, tiver dado à obra versão definitiva, não poderão seus sucessores reproduzir versões anteriores.
• *Escritos publicados pela imprensa.*	**Art. 36** – O direito de utilização econômica dos escritos publicados pela imprensa, diária ou periódica, com exceção dos assinados ou que apresentam sinal de reserva, pertence ao editor, salvo convenção em contrário.
• *Prazo para utilização de artigos na imprensa.*	**Parágrafo único** – A autorização para utilização econômica de artigos assinados, para publicação em diários e periódicos, não produz efeito além do prazo da periodicidade acrescido de vinte dias, a contar de sua publicação, findo o qual recobra o autor o seu direito.
• *A aquisição da obra e o direito do adquirente.*	**Art. 37** – A aquisição do original de uma obra, ou de exemplar, não confere ao adquirente qualquer dos direitos patrimoniais do autor, salvo convenção em contrário entre as partes e os casos previstos nesta lei.
• *A revenda da obra de arte e o direito autoral. Direito de seqüência.*	**Art. 38** – O autor tem o direito, irrenunciável e inalienável, de perceber, no mínimo, cinco por cento sobre o aumento do preço eventualmente verificável em cada revenda de obra de arte ou manuscrito, sendo originais, que houver alienado.
• *Responsabilidade do revendedor da obra.*	**Parágrafo único** – Caso o autor não perceba o seu direito de seqüência no ato da revenda, o vendedor é considerado depositário da quantia a ele devida, salvo se a operação for realizada por leiloeiro, quando será este o depositário.
• *Direitos patrimoniais do autor não se comunicam.*	**Art. 39** – Os direitos patrimoniais do autor, excetuados os rendimentos resultantes de

T-III

	sua exploração, não se comunicam, salvo pacto antenupcial em contrário.
• *Obra anônima ou pseudônima.*	**Art. 40 –** Tratando-se de obra anônima ou pseudônima, caberá a quem publicá-la o exercício dos direitos patrimoniais do autor. **Parágrafo único –** O autor que se der a conhecer assumirá o exercício dos direitos patrimoniais, ressalvados os direitos adquiridos por terceiros.
• *Direitos patrimoniais depois da morte do autor.*	**Art. 41 –** Os direitos patrimoniais do autor perduram por setenta anos contados de 1º de janeiro do ano subseqüente ao de seu falecimento, obedecida a ordem sucessória da lei civil. **Parágrafo único –** Aplica-se às obras póstumas o prazo de proteção a que alude o *caput* deste artigo.
• *Co-autoria de obra indivisível.*	**Art. 42 –** Quando a obra literária, artística ou científica realizada em co-autoria for indivisível, o prazo previsto no artigo anterior será contado da morte do último dos co-autores sobreviventes. **Parágrafo único –** Acrescer-se-ão aos dos sobreviventes os direitos do co-autor que falecer sem sucessores.
• *Prazo de proteção sobre obras anônimas ou pseudônimas.*	**Art. 43 –** Será de setenta anos o prazo de proteção aos direitos patrimoniais sobre as obras anônimas ou pseudônimas, contado de 1º de janeiro do ano imediatamente posterior ao da primeira publicação. **Parágrafo único –** Aplicar-se-á o disposto no art. 41 e seu parágrafo único, sempre que o autor se der a conhecer antes do termo do prazo previsto no *caput* deste artigo.
• *Prazo de proteção das obras audiovisuais e fotográficas.*	**Art. 44 –** O prazo de proteção aos direitos patrimoniais sobre obras audiovisuais e fotográ-

T-III

	ficas será de setenta anos, a contar de 1º de janeiro do ano subseqüente ao de sua divulgação.
• *Domínio público.*	**Art. 45** – Além das obras em relação às quais decorreu o prazo de proteção aos direitos patrimoniais, pertencem ao domínio público:
• *Outras causas.*	I – as de autores falecidos que não tenham deixado sucessores; II – as de autor desconhecido, ressalvada a proteção legal aos conhecimentos étnicos e tradicionais.

C-IV

Das Limitações aos Direitos Autorais

• *O que não constitui ofensa aos direitos do autor.* • *O que pode ser reproduzido, onde e de que forma.*	**Art.46** – Não constitui ofensa aos direitos autorais: I – a reprodução: a) na imprensa diária ou periódica, de notícia ou de artigo informativo, publicado em diários ou periódicos, com a menção do nome do autor, se assinados, e da publicação de onde foram transcritos; b) em diários ou periódicos, de discursos pronunciados em reuniões públicas de qualquer natureza; c) de retratos, ou de outra forma de representação da imagem, feitos sob encomenda, quando realizada pelo proprietário do objeto encomendado, não havendo a oposição da pessoa neles representada ou de seus herdeiros; d) de obras literárias, artísticas ou científicas, para uso exclusivo de deficientes visuais, sempre que a reprodução, sem fins comerciais, seja feita mediante o sistema Braille ou outro procedimento em qualquer suporte para esses destinatários;

T-III

• *Reprografia: restrições.*	II – a reprodução, em um só exemplar de pequenos trechos, para uso privado do copista, desde que feita por este, sem intuito de lucro;
• *A citação.*	III – a citação em livros, jornais, revistas ou qualquer outro meio de comunicação, de passagens de qualquer obra, para fins de estudo, crítica ou polêmica, na medida justificada para o fim a atingir, indicando-se o nome do autor e a origem da obra;
• *Apanhado de lições.*	IV – o apanhado de lições em estabelecimentos de ensino por aqueles a quem elas se dirigem, vedada sua publicação, integral ou parcial, sem autorização prévia e expressa de quem as ministrou;
• *Demonstrações em estabelecimentos comerciais.*	V – a utilização de obras literárias, artísticas ou científicas, fonogramas e transmissão de rádio e televisão em estabelecimentos comerciais, exclusivamente para demonstração à clientela, desde que esses estabelecimentos comercializem os suportes ou equipamentos que permitam a sua utilização;
• *Representação teatral e execução musical em casa.*	VI – a representação teatral e a execução musical, quando realizadas no recesso familiar ou, para fins exclusivamente didáticos, nos estabelecimentos de ensino, não havendo em qualquer caso intuito de lucro;
• *Provas em juízo.*	VII – a utilização de obras literárias, artísticas ou científicas para produzir prova judiciária ou administrativa;
• *Reprodução sem prejuízo dos legítimos interesses do autor.*	VIII – a reprodução, em quaisquer obras, de pequenos trechos de obras preexistentes, de qualquer natureza, ou de obra

T-III

	integral, quando de artes plásticas, sempre que a reprodução em si não seja o objetivo principal da obra nova e que não prejudique a exploração normal da obra reproduzida nem cause um prejuízo injustificado aos legítimos interesses dos autores.
• *Paráfrases e paródias.*	**Art. 47** – São livres as paráfrases e paródias que não forem verdadeiras reproduções da obra originária nem lhe implicarem descrédito.
• *As obras em logradouros públicos.*	**Art. 48** – As obras situadas permanentemente em logradouros públicos podem ser representadas livremente, por meio de pinturas, desenhos, fotografias e procedimentos audiovisuais.

C-V

Da Transferência dos Direitos de Autor

• *Transferência: o patrimônio passa para outrem.*	**Art. 49** – Os direitos de autor poderão ser total ou parcialmente transferidos a terceiros, por ele ou por seus sucessores, a título universal ou singular, pessoalmente ou por meio de representantes com poderes especiais, por meio de licenciamento, concessão, cessão ou por outros meios admitidos em Direito, obedecidas as seguintes limitações:
• *Limites à transferência dos direitos de autor.*	I – a transmissão total compreende todos os direitos de autor, salvo os de natureza moral e os expressamente excluídos por lei;
• *Contrato escrito.*	II – somente se admitirá transmissão total e definitiva dos direitos mediante estipulação contratual escrita;
• *Prazos.*	III – na hipótese de não haver estipulação contratual escrita, o prazo máximo será de cinco anos;

T-III

• *Países: validade.*	IV – a cessão será válida unicamente para o país em que se firmou o contrato, salvo estipulação em contrário;
• *A cessão só pode ser feita para meios de utilização já existentes.*	V – a cessão só se operará para modalidades de utilização já existentes à data do contrato;
	VI – não havendo especificações quanto à modalidade de utilização, o contrato será interpretado restritivamente, entendendo-se como limitada apenas a uma que seja aquela indispensável ao cumprimento da finalidade do contrato.
• *A cessão presume-se onerosa.*	**Art. 50 –** A cessão total ou parcial dos direitos de autor, que se fará sempre por escrito, presume-se onerosa.
• *Registro e averbação: facultativo.*	**§1º –** Poderá a cessão ser averbada à margem do registro a que se refere o art. 19 desta lei, ou, não estando a obra registrada, poderá o instrumento ser registrado em Cartório de Títulos e Documentos.
• *Tempo, lugar e preço da cessão.*	**§2º –** Constarão do instrumento de cessão como elementos essenciais seu objeto e as condições de exercício do direito quanto a tempo, lugar e preço.
• *A cessão de obras futuras só será possível por 5 anos.*	**Art. 51 –** A cessão dos direitos de autor sobre obras futuras abrangerá, no máximo, o período de cinco anos.
	Parágrafo único – O prazo será reduzido a cinco anos sempre que indeterminado ou superior, diminuindo-se, na devida proporção, o preço estipulado.
• *Omissão do nome e anonimato.*	**Art. 52 –** A omissão do nome do autor, ou de co-autor, na divulgação da obra não presume o anonimato ou a cessão de seus direitos.

TÍTULO IV

DA UTILIZAÇÃO DE OBRAS INTELECTUAIS E DOS FONOGRAMAS

C-I

Da Edição

• *Obrigação do editor. A exclusividade.*	**Art. 53** – Mediante contrato de edição, o editor, obrigando-se a reproduzir e a divulgar a obra literária, artística ou científica, fica autorizado, em caráter de exclusividade, a publicá-la e a explorá-la pelo prazo e nas condições pactuadas com o autor.
• *O que a obra deverá mencionar ao ser editada.*	**Parágrafo único** – Em cada exemplar da obra o editor mencionará: I – o título da obra e seu autor; II – no caso de tradução, o título original e o nome do tradutor; III – o ano de publicação; IV – o seu nome ou marca que o identifique.
• *Obra futura.*	**Art. 54** – Pelo mesmo contrato pode o autor obrigar-se à feitura de obra literária, artística ou científica em cuja publicação e divulgação se empenha o editor.
• *Obra não concluída. O que pode fazer o editor.*	**Art. 55** – Em caso de falecimento ou de impedimento do autor para concluir a obra, o editor poderá: I – considerar resolvido o contrato, mesmo que tenha sido entregue parte considerável da obra; II – editar a obra, sendo autônoma, mediante pagamento proporcional do preço; III – mandar que outro a termine, desde que consintam os sucessores e seja o fato indicado na edição. **Parágrafo único** – É vedada a publicação parcial, se o autor manifestou a vontade de só

T-IV

	publicá-la por inteiro ou se assim o decidirem seus sucessores.
• *O contrato e o número de edições.*	**Art. 56 –** Entende-se que o contrato versa apenas sobre uma edição, se não houver cláusula expressa em contrário. **Parágrafo único –** No silêncio do contrato, considera-se que cada edição se constitui de três mil exemplares.
• *A remuneração do autor.*	**Art. 57 –** O preço da retribuição será arbitrado, com base nos usos e costumes, sempre que no contrato não a tiver estipulado expressamente o autor.
• *Os originais e o que for acertado com o editor.*	**Art. 58 –** Se os originais forem entregues em desacordo com o ajustado e o editor não os recusar nos trinta dias seguintes ao do recebimento, ter-se-ão por aceitas as alterações introduzidas pelo autor.
• *O exame da escrituração.*	**Art. 59 –** Quaisquer que sejam as condições do contrato, o editor é obrigado a facultar ao autor o exame da escrituração na parte que lhe corresponde, bem como a informá-lo sobre o estado da edição.
• *O editor fixa o preço da obra.*	**Art. 60 –** Ao editor compete fixar o preço da venda, sem, todavia, poder elevá-lo a ponto de embaraçar a circulação da obra.
• *Prestação de contas do editor.*	**Art. 61 –** O editor será obrigado a prestar contas mensais ao autor sempre que a retribuição deste estiver condicionada à venda da obra, salvo se prazo diferente houver sido convencionado.
• *Prazo do editor para lançar a obra.*	**Art. 62 –** A obra deverá ser editada em dois anos da celebração do contrato, salvo prazo diverso estipulado em convenção. **Parágrafo único –** Não havendo edição da obra no prazo legal ou contratual, poderá ser rescindido o contrato, respondendo o editor por danos causados.

T-IV

	Art. 63 – Enquanto não se esgotarem as edições a que tiver direito o editor, não poderá o autor dispor de sua obra, cabendo ao editor o ônus da prova.
• *Retirada do mercado de obra similar.*	§1º – Na vigência do contrato de edição, assiste ao editor o direito de exigir que se retire de circulação edição da mesma obra feita por outrem.
• *Edição esgotada.*	§2º – Considera-se esgotada a edição quando restarem em estoque, em poder do editor, exemplares em número inferior a dez por cento do total da edição.
• *Venda como saldo.*	**Art. 64** – Somente decorrido um ano de lançamento da edição, o editor poderá vender, como saldo, os exemplares restantes, desde que o autor seja notificado de que, no prazo de trinta dias, terá prioridade na aquisição dos referidos exemplares pelo preço de saldo.
• *Edição esgotada e não republicada.*	**Art. 65** – Esgotada a edição, e o editor, com direito a outra, não a publicar, poderá o autor notificá-lo a que o faça em certo prazo, sob pena de perder aquele direito, além de responder por danos.
• *Emendar a obra.*	**Art. 66** – O autor tem o direito de fazer, nas edições sucessivas de suas obras, as emendas e alterações que bem lhe aprouver. **Parágrafo único** – O editor poderá opor-se às alterações que lhe prejudiquem os interesses, ofendam sua reputação ou aumentem sua responsabilidade.
• *Atualização da obra, direito do editor.*	**Art. 67** – Se, em virtude de sua natureza, for imprescindível a atualização da obra em novas edições, o editor, negando-se o autor a fazê-la, dela poderá encarregar outrem, mencionando o fato na edição.

C-II Da Comunicação ao Público

• *Representações públicas e autorização do autor.*	**Art. 68** – Sem prévia e expressa autorização do autor ou titular, não poderão ser utilizadas obras teatrais, composições musicais ou lítero-musicais e fonogramas, em representações e execuções públicas.
• *O que é representação pública.*	**§1º** – Considera-se representação pública a utilização de obras teatrais no gênero drama, tragédia, comédia, ópera, opereta, balé, panto-mimas e assemelhadas, musicadas ou não, me-diante a participação de artistas, remunerados ou não, em locais de freqüência coletiva ou pela radio difusão, transmissão e exibição cinematográfica.
• *O que é execução pública.*	**§2º** – Considera-se execução pública a utilização de composições musicais ou lítero-musicais, mediante a participação de artistas, remunerados ou não, ou a utilização de fonogramas e obras audiovisuais, em locais de freqüência coletiva, por quaisquer processos, inclusive a radiodifusão ou transmissão por qualquer modalidade, e a exibição cinematográfica.
• *O que são e quais são os locais de freqüência coletiva.*	**§3º** – Consideram-se locais de freqüência coletiva os teatros, cinemas, salões de baile ou concertos, boates, bares, clubes ou associações de qualquer natureza, lojas, estabelecimentos comerciais e industriais, estádios, circos, feiras, restaurantes, hotéis, motéis, clínicas, hospitais, órgãos públicos da administração direta ou indireta, fundacionais e estatais, meios de transporte de passageiros terrestre, marítimo, fluvial ou aéreo, ou onde quer que se representem, executem ou transmitam obras literárias, artísticas ou científicas.
• *A comprovação do recolhimento dos direitos autorais nas execuções públicas.*	**§4º** – Previamente à realização da execução pública, o empresário deverá apresentar ao escritório central, previsto no art. 99, a com-

T-IV

	provação dos recolhimentos relativos aos direitos autorais.
• *Remuneração dependendo do êxito.*	§5º – Quando a remuneração depender da freqüência do público, poderá o empresário, por convênio com o escritório central, pagar o preço após a realização da execução pública.
• *Relatório do empresário após execução pública.*	§6º – O empresário entregará ao escritório central, imediatamente após a execução pública ou transmissão, relação completa das obras e fonogramas utilizados, indicando os nomes dos respectivos autores, artistas e produtores.
• *Cópias dos contratos, ajustes e acordos à disposição dos interessados.*	§7º – As empresas cinematográficas e de radiodifusão manterão à imediata disposição dos interessados, cópia autêntica dos contratos, ajustes ou acordos, individuais ou coletivos, autorizando e disciplinando a remuneração por execução pública das obras musicais e fonogramas contidas em seus programas ou obras audiovisuais.
	Art. 69 – O autor, observados os usos locais, notificará o empresário do prazo para a representação ou execução, salvo prévia estipulação convencional.
• *Obra mal ensaiada. Direito de oposição do autor.*	**Art. 70** – Ao autor assiste o direito de opor-se à representação ou execução que não seja suficientemente ensaiada, bem como fiscalizá-la, tendo, para isso, livre acesso durante as representações ou execuções, no local onde se realizam.
• *Alterações da obra.*	**Art. 71** – O autor da obra não pode alterar-lhe a substância, sem acordo com o empresário que o faz representar.
• *Pessoas estranhas à representação.*	**Art. 72** – O empresário, sem licença do autor, não pode entregar a obra a pessoa estranha à representação ou à execução.
• *Substituições da direção e intérpretes.*	**Art. 73** – Os principais intérpretes e os diretores de orquestras ou coro, escolhidos de

T-IV

	comum acordo pelo autor e pelo produtor, não podem ser substituídos por ordem deste, sem que aquele consinta.
• *Prazo para utilização da obra teatral.*	**Art. 74 –** O autor de obra teatral, ao autorizar a sua tradução ou adaptação, poderá fixar prazo para utilização dela em representações públicas. **Parágrafo único –** Após o decurso do prazo a que se refere este artigo, não poderá opor-se o tradutor ou adaptador à utilização de outra tradução ou adaptação autorizada, salvo se for cópia da sua.
• *Revogação de autorização.*	**Art. 75 –** Autorizada a representação de obra teatral feita em co-autoria, não poderá qualquer dos co-autores revogar a autorização dada, provocando a suspensão da temporada contratualmente ajustada.
• *Impenhorável a parte do autor e dos artistas.*	**Art. 76 –** É impenhorável a parte do produto dos espetáculos reservada ao autor e aos artistas.

C-III

Da Utilização da Obra de Arte Plástica

• *Os direitos do comprador de uma obra de arte plástica. Exposição e reprodução. Como deve ser feito.*	**Art. 77 –** Salvo convenção em contrário, o autor de obra de arte plástica, ao alienar o objeto em que ela se materializa, transmite o direito de expô-la, mas não transmite ao adquirente o direito de reproduzi-la.
• *Autorização.*	**Art. 78 –** A autorização para reproduzir obra de arte plástica, por qualquer processo, deve se fazer por escrito e se presume onerosa.

C-IV Da Utilização da Obra Fotográfica

• *Direitos do autor da obra fotográfica.*	**Art. 79** – O autor de obra fotográfica tem direito a reproduzi-la e colocá-la à venda, observadas as restrições à exposição, reprodução e venda de retratos, e sem prejuízo dos direitos de autor sobre a obra fotografada, se de artes plásticas protegidas. §1º – A fotografia, quando utilizada por terceiros, indicará de forma legível o nome do seu autor.
• *A fotografia e o original.*	§2º – É vedada a reprodução de obra fotográfica que não esteja em absoluta consonância com o original, salvo prévia autorização do autor.

C-V Da Utilização de Fonograma

• *O que o produtor deve mencionar em cada exemplar de fonograma.*	**Art. 80** – Ao publicar o fonograma, o produtor mencionará em cada exemplar: I – o título da obra incluída e seu autor; II – o nome ou pseudônimo do intérprete; III – o ano de publicação; IV – o seu nome ou marca que o identifique.

C-VI

Da Utilização da Obra Audiovisual

• *Autorização do autor e do intérprete significa consentimento para sua utilização econômica.*	**Art. 81 –** A autorização do autor e do intérprete de obra literária, artística ou científica para produção audiovisual implica, salvo disposição em contrário, consentimento para sua utilização econômica.
• *A exclusividade. Tempo de duração.*	**§1º –** A exclusividade da autorização depende de cláusula expressa e cessa dez anos após a celebração do contrato.
• *O que deve conter cada cópia da obra audiovisual.*	**§2º –** Em cada cópia da obra audiovisual, mencionará o produtor: I – o título da obra audiovisual; II – os nomes ou pseudônimos do diretor e dos demais co-autores; III – o título da obra adaptada e seu autor, se for o caso; IV – os artistas intérpretes; V – o ano de publicação; VI – o seu nome ou marca que o identifique.
• *O que deve estabelecer o contrato de produção audiovisual.*	**Art. 82 –** O contrato de produção audiovisual deve estabelecer: I – a remuneração devida pelo produtor aos co-autores da obra e aos artistas intérpretes e executantes, bem como o tempo, lugar e forma de pagamento; II – o prazo de conclusão da obra; III – a responsabilidade do produtor para com os co-autores, artistas intérpretes ou executantes, no caso de produção.
• *Interrupção de participante de obra audiovisual.*	**Art. 83 –** O participante da produção da obra audiovisual que interromper, temporária ou definitivamente, sua atuação, não poderá opor-se a que esta seja utilizada na obra nem a

T-IV

	que terceiro o substitua, resguardados os direitos que adquiriu quanto à parte já executada.
• *Prestação de contas dos produtores.*	**Art. 84 –** Caso a remuneração dos co-autores da obra audiovisual dependa dos rendimentos de sua utilização econômica, o produtor lhes prestará contas semestralmente, se outro prazo não houver sido pactuado.
• *Utilização de obra de co-autores.*	**Art. 85 –** Não havendo disposição em contrário, poderão os co-autores da obra audiovisual utilizar-se, em gênero diverso, da parte que constitua sua contribuição pessoal.
• *Prazo para conclusão da obra audiovisual.*	**Parágrafo único –** Se o produtor não concluir a obra audiovisual no prazo ajustado ou não iniciar sua exploração dentro de dois anos, a contar de sua conclusão, a utilização a que se refere este artigo será livre.
• *Direitos autorais de execução devidos pelos responsáveis dos estabelecimentos.*	**Art. 86 –** Os direitos autorais de execução musical relativos a obras musicais, lítero-musicais e fonogramas incluídos em obras audiovisuais serão devidos aos seus titulares pelos responsáveis dos locais ou estabelecimentos a que alude o §3º do art. 68 desta lei, que as exibirem, ou pelas emissoras de televisão que as transmitirem.

C-VII Da Utilização de Bases de Dados

• *Direitos exclusivos do titular de uma base de dados.*	**Art. 87 –** O titular do direito patrimonial sobre uma base de dados terá o direito exclusivo, a respeito da forma de expressão da estrutura da referida base, de autorizar ou proibir:
• *O que o autor pode autorizar ou produzir.*	I – sua reprodução total ou parcial, por qualquer meio ou processo;

T-IV

	II – sua tradução, adaptação, reordenação ou qualquer outra modificação; III – a distribuição do original ou cópias da base de dados ou a sua comunicação ao público; IV – a reprodução, distribuição ou comunicação ao público dos resultados das operações mencionadas no inciso II deste artigo.

C-VIII

Da Utilização da Obra Coletiva

• *O que o organizador de uma obra coletiva deve mencionar em cada exemplar.*	**Art. 88 –** Ao publicar a obra coletiva, o organizador mencionará em cada exemplar: I – o título da obra; II – a relação de todos os participantes, em ordem alfabética, se outra não houver sido convencionada; III – o ano de publicação; IV – o seu nome ou marca que o identifique. **Parágrafo único –** Para valer-se do disposto no §1º do art. 17, deverá o participante notificar o organizador, por escrito, até a entrega de sua participação.

TÍTULO V

DOS DIREITOS CONEXOS

C-I

Disposições Preliminares

• *A quem se aplicam as normas de direitos autorais.*	**Art. 89 –** As normas relativas aos direitos de autor aplicam-se, no que couber, aos direitos dos artistas intérpretes ou executantes, dos produtores fonográficos e das empresas de radiodifusão. **Parágrafo único –** A proteção deste lei aos direitos previstos neste artigo deixa intactas e não afeta as garantias asseguradas aos autores das obras literárias, artísticas ou científicas.

C-II

Dos Direitos dos Artistas Intérpretes ou Executantes

• *Os direitos exclusivos que cabem aos artistas intérpretes ou executantes.* • *O que eles podem autorizar ou proibir.*	**Art. 90 –** Tem o artista intérprete ou executante o direito exclusivo de, a título oneroso ou gratuito, autorizar ou proibir: I – a fixação de suas interpretações ou execuções; II – a reprodução, a execução pública e a locação das suas interpretações ou execuções fixadas; III – a radiodifusão das suas interpretações ou execuções, fixadas ou não; IV – a colocação à disposição do público de suas interpretações ou execuções, de maneira que qualquer pessoa a elas possa ter acesso, no tempo e no lugar que individualmente escolherem; V – qualquer outra modalidade de utilização de suas interpretações ou execuções.

T-V

• *O papel do diretor do conjunto na atuação de vários artistas.*	**§1º** – Quando na interpretação ou na execução participarem vários artistas, seus direitos serão exercidos pelo diretor do conjunto.
• *A reprodução da voz e da imagem dos artistas.*	**§2º** – A proteção aos artistas intérpretes ou executantes estende-se à reprodução da voz e imagem, quando associadas às suas atuações.
• *O que podem realizar as empresas de radiodifusão.*	**Art. 91** – As empresas de radiodifusão poderão realizar fixações de interpretação ou execução de artistas que as tenham permitido para utilização em determinado número de emissões, facultada sua conservação em arquivo público.
• *A reutilização do trabalho dos artistas intérpretes e executantes. Sua remuneração.*	**Parágrafo único** – A reutilização subseqüente da fixação, no País ou no exterior, somente será lícita mediante autorização escrita dos titulares de bens intelectuais incluídos no programa, devida uma remuneração adicional aos titulares para cada nova utilização.
• *Intérpretes e direitos morais.*	**Art. 92** – Aos intérpretes cabem os direitos morais de integridade e paternidade de suas interpretações, inclusive depois da cessão dos direitos patrimoniais, sem prejuízo da redução, compactação, edição ou dublagem da obra de que tenham participado, sob a responsabilidade do produtor, que não poderá desfigurar a interpretação do artista.
• *Falecimento do participante da obra audiovisual: destino da remuneração.*	**Parágrafo único** – O falecimento de qualquer participante de obra audiovisual, concluída ou não, não obsta sua exibição e aproveitamento econômico, nem exige autorização adicional, sendo a remuneração prevista para o falecido, nos termos do contrato e da lei, efetuada a favor do espólio ou dos sucessores.

C-III Dos Direitos dos Produtores Fonográficos

• *Direito exclusivo do produtor de fonograma.*	**Art. 93** – O produtor de fonogramas tem o direito exclusivo de, a título oneroso ou gratuito, autorizar-lhes ou proibir-lhes: I – a reprodução direta ou indireta, total ou parcial; II – a distribuição por meio da venda ou locação de exemplares da reprodução; III – a comunicação ao público por meio da execução pública, inclusive pela radiodifusão; IV – (vetado) V – quaisquer outras modalidades de utilização, existentes ou que venham a ser inventadas.
• *O produtor fonográfico e os proventos da execução pública dos fonogramas.*	**Art. 94** – Cabe ao produtor fonográfico perceber dos usuários a que se refere o art. 68, e parágrafos, desta lei os proventos pecuniários resultantes da execução pública dos fonogramas e reparti-los com os artistas, na forma convencionada entre eles ou suas associações.

C-IV Dos Direitos das Empresas de Radiodifusão

• *Retransmissão, fixação e reprodução das emissões.* • *Comunicação ao público em locais de freqüência coletiva.*	**Art. 95** – Cabe às empresas de radiodifusão o direito exclusivo de autorizar ou proibir a retransmissão, fixação e reprodução de suas emissões, bem como a comunicação ao público, pela televisão, em locais de freqüência coletiva, sem prejuízo dos titulares de bens intelectuais incluídos na programação.

C-V Da Duração dos Direitos Conexos

• *Período da proteção e data do início da contagem do tempo.*	**Art. 96** – É de setenta anos o prazo de proteção aos direitos conexos, contados a partir de 1º de janeiro do ano subseqüente à fixação, para os fonogramas; à transmissão, para as emissões das empresas de radiodifusão; e à execução e representação pública, para os demais casos.

Título VI
Das Associações de Titulares de Direitos de Autor e dos que lhes São Conexos

• *As organizações de autores e titulares de direitos conexos. Liberdade de associação.* • *Normas das associações. A participação dos sócios.*	**Art. 97** – Para o exercício e defesa de seus direitos, podem os autores e os titulares de direitos conexos associar-se sem intuito de lucro. §1º – É vedado pertencer a mais de uma associação para a gestão coletiva de direitos da mesma natureza. §2º – Pode o titular transferir-se, a qualquer momento, para outra associação, devendo comunicar o fato, por escrito, à associação de origem.
• *A situação das associações estrangeiras.*	§3º – As associações com sede no exterior far-se-ão representar, no País, por associações nacionais constituídas na forma prevista nesta lei.
• *A representatividade das associações de autores.*	**Art. 98** – Com o ato de filiação, as associações tornaram-se mandatárias de seus associados para a prática de todos os atos necessários à defesa judicial ou extrajudicial de seus direitos autorais, bem como para sua cobrança. **Parágrafo único** – Os titulares de direitos autorais poderão praticar, pessoalmente, os atos referidos neste artigo, mediante comunicação prévia à associação a que estiverem filiados.
• *O ECAD.*	**Art. 99** – As associações manterão um único escritório central para a arrecadação e distribuição, em comum, dos direitos relativos à execução pública das obras musicais e lítero-musicais e de fonogramas, inclusive por meio da radiodifusão e transmissão por qualquer modalidade, e da exibição de obras audiovisuais.

T-VI

• *Finalidade do ECAD.*	§1º – O escritório central organizado na forma prevista neste artigo não terá finalidade de lucro e será dirigido e administrado pelas associações que o integrem.
• *Representatividade do ECAD.*	§2º – O escritório central e as associações a que se refere este Título atuarão em juízo e fora dele em seus próprios nomes como substitutos processuais dos titulares a eles vinculados.
• *Recolhimento.*	§3º – O recolhimento de quaisquer valores pelo escritório central somente se fará por depósito bancário.
• *Fiscais do ECAD.*	§4º – O escritório central poderá manter fiscais, aos quais é vedado receber do empresário numerário a qualquer título.
	§5º – A inobservância da norma do parágrafo anterior tornará o faltoso inabilitado à função de fiscal, sem prejuízo das sanções civis e penais cabíveis.
• *O papel dos sindicatos.*	**Art. 100** – O sindicato ou associação profissional que congregue não menos de um terço dos filiados de uma associação autoral poderá, uma vez por ano, após notificação, com oito dias de antecedência, fiscalizar, por intermédio de auditor, a exatidão das contas prestadas a seus representados.

Título VII

Das Sanções às Violações dos Direitos Autorais

C-I

Disposições Preliminares

• *Sanções.*	**Art. 101** – As sanções civis de que trata este Capítulo aplicam-se sem prejuízo das penas cabíveis.

C-II

Das Sanções Civis

• *Sanção civil e sanção penal.* • *A apreensão dos exemplares reproduzidos fraudulentamente.*	**Art. 102** – O titular cuja obra seja fraudulentamente reproduzida, divulgada ou de qualquer forma utilizada, poderá requerer a apreensão dos exemplares reproduzidos ou a suspensão da divulgação, sem prejuízo da indenização cabível.
• *A edição de obras sem autorização do titular: sanções.*	**Art. 103** – Quem editar obra literária, artística ou científica, sem autorização do titular, perderá para estes os exemplares que se apreenderem e pagar-lhe-á o preço dos que tiver vendido.
• *A multa.*	**Parágrafo único** – Não se conhecendo o número de exemplares que constituem a edição fraudulenta, pagará o transgressor o valor de três mil exemplares, além dos apreendidos.
• *Quem é solidariamente responsável pela violação de direitos autorais.*	**Art. 104** – Quem vender, expuser a venda, ocultar, adquirir, distribuir, tiver em depósito ou utilizar obra ou fonograma reproduzidos com fraude, com a finalidade de vender, obter ganho, vantagem, proveito, lucro direto ou indireto, para si ou para outrem, será solidariamente responsável com o contrafator, nos termos dos artigos precedentes, respondendo como contrafatores o importador e o distribuidor em caso de reprodução no exterior.

T-VII

• *Transmissão e retransmissão ilegais.* • *A situação do reincidente.*	**Art. 105 –** A transmissão e a retransmisão, por qualquer meio ou processo, e a comunicação ao público de obras artísticas, literárias e científicas, de interpretações e de fonogramas, realizadas mediante violação aos direitos de seus titulares, deverão ser imediatamente suspensas ou interrompidas pela autoridade judicial competente, sem prejuízo da multa diária pelo descumprimento e das demais indenizações cabíveis, independentemente das sanções penais aplicáveis; caso se comprove que o infrator é reincidente na violação aos direitos dos titulares de direitos de autor e conexos, o valor da multa poderá ser aumentado até o dobro.
• *A eventual destruição dos exemplares ilícitos, bem como dos insumos.* • *Perda do equipamento e outras responsabilidades.*	**Art. 106 –** A sentença condenatória poderá determinar a destruição de todos os exemplares ilícitos, bem como as matrizes, moldes, negativos e demais elementos utilizados para praticar o ilícito civil, assim como a perda de máquinas, equipamentos e insumos destinados a tal fim ou, servindo eles unicamente para o fim ilícito, sua destruição.
• *Outras infrações e suas penalidades.*	**Art. 107 –** Independentemente da perda dos equipamentos utilizados, responderá por perdas e danos, nunca inferiores ao valor que resultaria da aplicação do disposto no art. 103 e seu parágrafo único, quem: I – alterar, suprimir, modificar ou inutilizar, de qualquer maneira, dispositivos técnicos introduzidos nos exemplares das obras e produções protegidas para evitar ou restringir sua cópia; II – alterar, suprimir ou inutilizar, de qualquer maneira, os sinais codificados destinados a restringir a comunicação ao público de obras, produções ou

T-VII

emissões protegidas ou a evitar a sua cópia;

III – suprimir ou alterar, sem autorização, qualquer informação sobre a gestão de direito;

IV – distribuir, importar para distribuição, emitir, comunicar ou puser à disposição do público, sem autorização, obras, interpretações ou execuções, exemplares de interpretações fixadas em fonogramas e emissões, sabendo que a informação sobre a gestão de direitos, sinais codificados e dispositivos técnicos foram suprimidos ou alterados sem autorização.

• *A omissão da identidade do autor. Penalidades.*

Art. 108 – Quem, na utilização, por qualquer modalidade, de obra intelectual, deixar de indicar ou de anunciar, como tal, o nome, pseudônimo ou sinal convencional do autor e do intérprete, além de responder por danos morais, está obrigado a divulgar-lhes a identidade da seguinte forma:

I – tratando-se de empresa de radiodifusão, no mesmo horário em que tiver ocorrido a infração, por três dias consecutivos;

II – tratando-se de publicação gráfica ou fonográfica, mediante inclusão de errata nos exemplares ainda não distribuídos, sem prejuízo de comunicação, com destaque, por três vezes consecutivas em jornal de grande circulação, dos domicílios do autor, do intérprete e do editor ou produtor;

III – tratando-se de outra forma de utilização, por intermédio da imprensa, na forma a que se refere o inciso anterior.

T-VII

	Art. 109 – A execução pública feita em desacordo com os arts. 68, 97, 98 e 99 desta lei sujeitará os responsáveis a multa de vinte vezes o valor que deveria ser originariamente pago.
• *Papel dos responsáveis pelos estabelecimentos ou locais de exibição.*	**Art. 110 –** Pela violação de direitos autorais nos espetáculos e audições públicas, realizados nos locais ou estabelecimentos a que alude o art. 68, seus proprietários, diretores, gerentes, empresários e arrendatários respondem solidariamente com os organizadores dos espetáculos.

C-III

Da Prescrição da Ação

	Art. 111 – (vetado)

TÍTULO VIII — DISPOSIÇÕES FINAIS E TRANSITÓRIAS

• *A obra já em domínio público em face da nova lei.*	**Art. 112** – Se uma obra, em conseqüência de ter expirado o prazo de proteção que lhe era anteriormente reconhecido pelo §2º do art. 42 da lei nº 5.988, de 14 de dezembro de 1973, caiu no domínio público, não terá o prazo de proteção dos direitos patrimoniais ampliado por força do art. 41 desta lei.
• *Selo de identificação das obras protegidas.*	**Art. 113** – Os fonogramas, os livros e as obras audiovisuais sujeitar-se-ão a selos ou sinais de identificação sob a responsabilidade do produtor, distribuidor ou importador, sem ônus para o consumidor, com o fim de atestar o cumprimento das normas legais vigentes, conforme dispuser o regulamento.
	Art. 114 – Esta lei entra em vigor cento e vinte dias após sua publicação.
• *Artigos e leis revogadas.*	**Art. 115** – Ficam revogados os arts. 649 a 673 e 1.346 a 1.362 do Código Civil e as leis nºs 4.944, de 6 de abril de 1966; 5.988, de 14 de dezembro de 1973, excetuando-se o art. 17 e seus §§1º e 2º; 6.800, de 25 de junho de 1980; 7.123, de 12 de setembro de 1983; 9.045, de 18 de maio de 1995, e demais disposições em contrário, mantidas em vigor as leis nºs 6.533, de 24 de maio de 1978 e 6.615, de 16 de dezembro de 1978.
	Brasília, 19 de fevereiro de 1998; 177º da Independência e 110º da República.
	Fernando Henrique Cardoso *Francisco Weffort*

BIBLIOGRAFIA

ALBA, Isabel Espín. *Contrato de Edicion Literaria.* Barcelona : Comares, 1994.

ARANHA, Maria Luiza de Arruda. *Maquiavel, A Lógica da Força.* São Paulo : Moderna, 1994.

ASCENSÃO, José de Oliveira. *Direito Autoral.* Rio de Janeiro : Renovar, 1997.

BAIRON, Sérgio. *Multimídia.* São Paulo : Global, 1995.

BARBOSA, Álvaro Antônio do Cabo Notaroberto. *Direito a Própria Imagem.* São Paulo : Saraiva, 1989.

BESSONE, Darcy. *Do Contrato – Teoria Geral.* Rio de Janeiro : Forense, 1987.

________________ *Direitos Reais.* São Paulo : Saraiva, 1996.

BITTAR, Carlos Alberto. *Contornos do Direito de Autor.* São Paulo : Revista dos Tribunais, 1992.

________________________ *Direito de Autor.* Rio de Janeiro/São Paulo : Forense Universitária, 1994.

________________________ *Tutela dos Direitos da Personalidade e dos Direitos Autorais nas Atividades Empresariais.* São Paulo : Revista dos Tribunais, 1983.

BOBBIO, Norberto. *O Positivismo Jurídico.* São Paulo : Ícone, 1996.

BORGES, Edinaldo de Holanda. *Teoria Científica do Direito.* São Paulo : Oliveira Mensa, 1998.

BRETONE, Mário. *História do Direito Romano.* Lisboa : Estampa, 1990.

CABRAL, Antônio da Silva. *Cessão de Contratos.* São Paulo : Saraiva, 1987.

CARDOZO, José Eduardo Martins. *Da Retroatividade da Lei.* São Paulo : Revista dos Tribunais, 1995.

CHAVES, Antônio. *Criador na Obra Intelectual.* São Paulo : LTr, 1995.

COELHO, Fábio Ulhoa. *Direito Antitruste Brasileiro.* São Paulo : Saraiva, 1996.

FRANÇA, R. Limongi. *A Irretroatividade das Leis e o Direito Adquirido.* São Paulo : Saraiva, 1998.

FURTADO, Luisa Elisabeth T.C. *Ação Popular.* São Paulo : LTr, 1997.

GARCIA, Juvêncio Gomes. *Função Criadora do Juiz.* Brasília : Jurídica, 1996.

HAMMES, Bruno Jorge. *O Direito da Propriedade Intelectual.* São Leopoldo : Unisinos, 1996.

LANGE, Deise Fabiana. *O Impacto da Tecnologia Digital sobre o Direito de Autor e Conexos.* Unisinos, 1996.

LIPSZYC, Delia. *Derechos de Autor y Derechos Conexos.* Bogotá : Unesco, 1993.

MANSO, Eduardo Vieira. *Direito Autoral.* São Paulo : José Bushatsky Editor, 1980.

MARKY, Thomas. *Curso Elementar de Direito Romano.* São Paulo : Saraiva, 1990.

MATTIA, Fábio Maria de. *Estudos de Direito do Autor.* São Paulo : Revista dos Tribunais, 1992.

MAXIMILIANO, Carlos. *Hermenêutica e Aplicação do Direito.* Rio de Janeiro : Revista Forense, 1998.

MEIRELLES, Hely Lopes. *Direito Administrativo Brasileiro.* São Paulo : Malheiros Editores, 1997.

OLIVO, Luiz Carlos Cancellier de. *Direito e Internet: A Regulamentação do Ciberespaço.* Florianópolis : Editora da UFSC, 1998.

PELLEGRINI, Luiz Fernando Gama. *Direito Autoral do Artista Plástico.* São Paulo : Oliveira Mendes, 1998.

POLETTI, Ronaldo. *Introdução ao Direito.* São Paulo : Saraiva, 1996.

REALE, Miguel. *Horizontes do Direito e da História.* São Paulo : Saraiva, 1977.

SAAD, Eduardo Gabriel. *Comentários ao Código de Defesa do Consumidor.* São Paulo : LTr, 1999.

SANTOS, Manuel Joaquim Pereira dos. *O Direito do Autor na Obra Jornalística.* São Paulo : Revista dos Tribunais, 1981.

SOARES, José Carlos Tinoco. *Processo Civil nos Crimes contra a Propriedade Industrial.* São Paulo : Jurídica Brasileira, 1998.

SOUTO, Cláudio & FALCÃO, Joaquim. *Sociologia e Direito.* São Paulo : Pioneira, 1999.

TEIXEIRA DOS SANTOS, Newton Paulo. *A Fotografia e o Direito Autoral.* São Paulo : Ed. Universitária de Direito, 1990.

ÍNDICE REMISSIVO